Scoprire i Giochi Gratuiti Online

Disponibile Qui:

BestActivityBooks.com/FREEGAMES

5 CONSIGLI PER INIZIARE

1) COME RISOLVERE LE PAROLE INTRECCIATTE

I puzzle hanno un formato classico:

- Le parole sono nascoste senza spazi o trattini,...
- Orientamento: Le parole possono essere scritte in avanti, indietro, verso l'alto, verso il basso o in diagonale (possono essere invertite).
- Le parole possono sovrapporsi o intersecarsi.

2) APPRENDIMENTO ATTIVO

Accanto ad ogni parola c'è uno spazio per scrivere la traduzione. Per incoraggiare l'apprendimento attivo, un **DIZIONARIO** alla fine di questa edizione vi permetterà di controllare e ampliare le vostre conoscenze. Cerca e scrivi le traduzioni, trovale nel puzzle e aggiungile al tuo vocabolario!

3) SEGNARE LE PAROLE

Puoi inventare il tuo sistema di segni. Forse ne usi già uno? Per esempio, puoi segnare le parole difficili da trovare con una croce, le parole preferite con una stella, le parole nuove con un triangolo, le parole rare con un diamante, e così via.

4) STRUTTURARE L'APPRENDIMENTO

Questa edizione offre un **TACCUINO** alla fine del libro. In vacanza, in viaggio o a casa, puoi organizzare facilmente le tue nuove conoscenze senza bisogno di un secondo quaderno!

5) AVETE FINITO TUTTE LE GRIGLIE?

Nelle ultime pagine di questo libro, nella sezione della **SFIDA FINALE**, troverete un gioco gratuito!

Facile e veloce! Dai un'occhiata alla nostra collezione di libri di attività per il tuo prossimo momento di divertimento e **apprendimento,** a portata di clic!

Trova la tua prossima sfida su:

BestActivityBooks.com/MioProssimoLibro

Ai vostri posti, pronti...Via!

Sapevi che ci sono circa 7.000 lingue diverse nel mondo? Le parole sono preziose.

Amiamo le lingue e abbiamo lavorato duramente per creare libri di altissima qualità. I nostri ingredienti?

Una selezione di argomenti adatti all'apprendimento, tre buone porzioni di intrattenimento, una cucchiaiata di parole difficili e una spolverata di parole rare. Li serviamo con amore e entusiasmo in modo che tu possa risolvere i migliori giochi di parole e divertirti imparando!

La vostra opinione è essenziale. Puoi partecipare attivamente al successo di questo libro lasciandoci un commento. Ci piacerebbe sapere cosa ti è piaciuto di più di questa edizione.

Ecco un link veloce alla pagina dell'ordine:

BestBooksActivity.com/Recensione50

Grazie per il vostro aiuto e buon divertimento!

Tutta la squadra

1 - Salute e Benessere #2

```
L W N H B W F L B Q B Y M A E
A L L E R G I E V N C C A N R
P Z I K N V W G Æ X X E S A N
A S S D O L B E G I E F S T Æ
G O T N I S W M T H V J A O R
S I G U T I T E P P A X G M I
E M K S K K A L O R I E E I N
E N E M E G I L Y F G N K V G
E Q J J F S G Z Y Z R I S U W
K I T E N E G C V F E M X X S
H O S P I T A L T D N A U Y Y
O P J Y L G A J I G E T H N G
W N S D E H Y D R E R I N G D
X K U F P F P H R P D V K Z O
F O R D Ø J E L S E A J S C M
```

ALLERGI
ANATOMI
APPETIT
KALORIE
LEGEME
KOST
FORDØJELSE
DEHYDRERING
ENERGI
GENETIK

HYGIEJNE
INFEKTION
SYGDOM
MASSAGE
ERNÆRING
HOSPITAL
VÆGT
BLOD
SUND
VITAMIN

2 - Aggettivi #2

```
K  F  L  J  J  H  I  M  K  W  L  I  U  S  C
S  L  J  R  A  L  R  G  Y  V  D  H  P  U  K
N  A  T  U  R  L  I  G  T  N  A  G  E  L  E
B  I  S  Y  Ø  A  N  U  N  S  H  R  A  T  P
A  E  U  Ø  T  X  O  J  A  T  B  S  N  E  R
E  G  S  Y  D  H  R  J  S  O  E  S  S  N  O
K  P  I  K  Z  D  M  V  S  L  R  U  V  D  D
R  E  N  K  R  E  A  I  E  T  Ø  N  A  R  U
Æ  E  B  Y  O  I  L  T  R  J  M  D  R  A  K
T  E  T  L  A  S  V  A  E  L  T  O  L  M  T
S  H  K  S  I  T  N  E  T  U  A  V  I  A  I
E  I  T  I  E  Z  X  R  N  L  P  N  G  T  V
E  U  O  W  X  Y  E  K  I  D  L  Z  Y  I  I
Y  N  S  Y  W  Z  L  N  Z  O  E  O  N  S  A
G  S  N  K  P  B  M  U  H  D  F  M  M  K  R
```

SULTEN	INTERESSANT
TØR	NATURLIG
AUTENTISK	NORMAL
KREATIV	NY
BESKRIVENDE	STOLT
SØD	PRODUKTIV
DRAMATISK	REN
ELEGANT	ANSVARLIG
BERØMT	SALTET
STÆRK	SUND

3 - Ingegneria

```
P  U  I  Z  F  R  V  M  Å  L  I  N  G  X  D
I  K  U  W  K  O  T  I  G  W  A  X  K  S  T
X  K  A  Z  E  T  F  W  N  D  I  E  S  E  L
M  M  A  R  G  A  I  D  I  K  N  H  D  K  D
A  O  O  H  L  T  R  U  N  O  E  G  I  S  I
W  K  T  W  I  I  D  W  G  A  Y  L  A  Æ  S
M  E  S  O  V  O  M  C  E  O  S  P  M  V  T
V  E  O  E  R  N  E  C  R  A  E  G  E  S  R
E  D  Y  B  D  E  R  D  E  E  X  P  T  T  I
E  N  E  R  G  I  F  I  B  N  W  G  E  R  B
K  O  N  S  T  R  U  K  T  I  O  N  R  U  U
F  I  S  T  Y  R  K  E  S  K  T  I  K  K  T
H  M  A  F  K  A  Q  Q  A  S  J  Y  B  T  I
Q  O  T  E  T  I  L  I  B  A  T  S  V  U  O
L  L  E  M  A  E  R  C  X  M  T  X  W  R  N
```

VINKEL	GEAR
AKSE	VÆSKE
BEREGNING	MASKINE
KONSTRUKTION	MÅLING
DIAGRAM	MOTOR
DIAMETER	DYBDE
DIESEL	FREMDRIFT
DISTRIBUTION	ROTATION
ENERGI	STABILITET
STYRKE	STRUKTUR

4 - Archeologia

```
E Æ R A Q R E R T E M P E L R
G F C Q M T M Y S T E R I U M
A L T C S R E K S R O F B I O
N Z E E K E R A M I K I I U E
T C I M R T R E P S K E H T B
I Q R F T K P R O F E S S O R
K C A A X E O M G Y Z A L T E
K C N H I J K M F N O V B C L
E S Z X U B J A M F G N D D G
N A V L B O M U K E O N M M O
A N A L Y S E K M Y R S Z H N
A S R Y O W G E H M V L S C K
Z A G R T W H N J Y S E B I T
F E J U X A C D T H Q V Y M L
H O L D T Q P T Z Z A N W Q C
```

ANALYSE
ANTIKKEN
KERAMIK
GLEMT
EFTERKOMMER
ÆRA
EKSPERT
FOSSIL
MYSTERIUM

OBJEKTER
KNOGLER
PROFESSOR
LEVN
FORSKER
UKENDT
HOLD
TEMPEL
GRAV

5 - Salute e Benessere #1

```
K  N  Z  V  H  I  N  B  M  I  E  K  N  C  T
R  N  E  N  A  V  P  D  N  D  N  L  N  A  E
E  E  O  R  U  Y  P  Y  N  Y  O  I  T  T  R
L  D  F  G  V  A  P  O  T  E  K  N  C  A  A
K  J  B  L  L  E  G  Æ  L  P  M  I  O  Z  P
S  Ø  A  S  E  E  R  M  U  D  U  K  G  J  I
U  H  K  M  A  K  R  E  N  O  M  R  O  H  W
M  W  T  E  W  A  S  D  U  H  V  I  R  U  S
J  Q  E  Q  O  E  V  I  T  K  A  B  S  J  E
T  U  R  B  G  C  F  C  K  I  X  K  H  G  W
F  W  I  F  Z  T  P  I  D  Y  N  X  V  X  J
N  V  E  P  M  L  I  N  F  V  E  N  B  J  I
F  R  A  K  T  U  R  W  R  B  W  X  T  I  H
L  O  M  A  F  S  L  A  P  N  I  N  G  Z  I
C  P  K  Q  B  E  H  A  N  D  L  I  N  G  X
```

VANE	MUSKLER
HØJDE	NERVER
AKTIV	HORMONER
BAKTERIE	KNOGLER
KLINIK	HUD
SULT	REFLEKS
APOTEK	AFSLAPNING
FRAKTUR	TERAPI
MEDICIN	BEHANDLING
LÆGE	VIRUS

6 - Aggettivi #1

```
E  K  S  O  T  I  S  K  Q  Y  G  W  K  F  L
G  G  M  V  U  H  T  L  A  N  G  W  U  X  T
N  E  O  A  K  T  I  V  M  O  S  G  N  A  L
U  N  D  T  U  N  G  S  Y  X  F  K  S  A  A
S  E  E  C  N  N  P  W  D  Y  F  E  T  R  M
T  R  R  B  A  B  S  O  L  U  T  O  N  O  B
N  Ø  N  G  Y  M  K  I  F  J  B  B  E  M  I
U  S  E  U  I  D  E  N  T  I  S  K  R  A  T
V  Æ  R  D  I  F  U  L  D  K  C  J  I  T  I
X  T  O  P  G  H  Æ  G  M  A  E  W  S  I  Ø
L  L  T  I  S  H  G  R  R  O  A  F  K  S  S
Z  B  S  O  O  S  F  A  L  R  C  I  R  K  Q
G  O  R  T  L  H  Q  V  R  I  I  Y  Y  E  O
N  U  T  Y  N  D  B  G  I  T  G  I  V  Z  P
F  I  P  E  Q  U  Y  F  W  I  D  O  N  K  V
```

AMBITIØS
AROMATISK
KUNSTNERISK
ABSOLUT
AKTIV
EKSOTISK
GENERØS
UNGE
STOR
IDENTISK

VIGTIG
LANGSOM
LANG
MODERNE
ÆRLIG
PERFEKT
TUNG
VÆRDIFULD
DYB
TYND

7 - Geologia

```
F  S  G  T  C  Z  D  V  W  C  U  M  H  A  Z
T  O  T  L  B  A  J  D  J  V  Z  R  O  E  S
N  U  S  A  V  A  L  A  R  O  K  D  Q  G  T
N  E  T  S  L  B  W  C  I  T  Y  D  N  E  A
A  D  R  W  I  A  K  C  I  R  N  I  P  J  L
K  V  A  E  J  L  G  O  K  U  R  L  G  S  A
L  L  V  A  K  C  M  M  K  W  M  Q  D  E  K
U  Æ  K  K  I  H  A  M  I  M  M  L  E  R  T
V  K  L  H  F  U  F  J  L  T  S  Y  R  E  I
L  S  M  C  U  L  Y  U  A  E  T  A  L  P  T
I  D  S  H  L  E  O  K  G  C  M  E  Z  T  X
K  R  Y  S  T  A  L  L  E  R  S  H  R  N  F
R  O  K  O  N  T  I  N  E  N  T  A  T  R  K
Y  J  K  S  D  T  S  E  R  O  S  I  O  N  Y
M  I  N  E  R  A  L  E  R  A  B  G  U  A  H
```

SYRE	LAVA
PLATEAU	MINERALER
CALCIUM	STEN
HULE	KVARTS
KONTINENT	SALT
KORAL	STALAGMITTER
KRYSTALLER	STALAKTIT
EROSION	LAG
FOSSIL	JORDSKÆLV
GEJSER	VULKAN

8 - Campeggio

```
Y  F  R  D  R  K  P  G  J  K  L  N  S  W  L
I  W  G  E  E  V  O  K  S  A  D  A  Z  N  J
W  C  V  V  B  S  C  M  Z  N  W  T  A  H  T
G  S  V  E  N  Å  M  J  P  O  M  U  O  K  H
N  J  H  N  Q  H  U  E  A  A  Ø  R  K  H  C
M  O  V  T  R  O  K  X  Y  G  S  W  X  C  B
S  V  A  Y  Y  I  Q  S  H  M  T  C  N  D  S
C  W  S  R  D  P  N  Y  Q  B  R  A  N  D  I
O  H  D  E  K  V  I  S  B  J  E  R  G  B  D
A  X  G  Æ  G  T  W  C  E  N  I  B  A  K  I
D  O  J  R  I  Q  E  J  Ø  K  E  G  N  Æ  H
X  E  B  T  I  M  B  Y  H  J  T  T  E  L  T
W  N  W  B  E  N  O  L  N  Q  C  K  H  G  X
Z  G  F  W  X  K  S  I  O  E  Q  M  X  Q  X
H  Y  A  M  Q  A  G  R  O  Q  N  X  N  Y  X
```

TRÆER	SJOV
HÆNGEKØJE	SKOV
DYR	BRAND
EVENTYR	INSEKT
KOMPAS	SØ
KABINE	MÅNE
JAGT	KORT
KANO	BJERG
HAT	NATUR
REB	TELT

9 - Arti Visive

```
K  M  E  S  T  E  R  V  Æ  R  K  S  A  L  V
P  U  K  R  I  D  T  K  E  R  A  M  I  K  O
P  E  N  R  N  Y  V  G  O  Q  J  I  O  C  K
E  N  R  S  O  E  I  L  E  F  F  A  T  S  S
N  Z  Q  S  T  L  H  U  U  X  Q  A  Æ  N  R
A  M  R  R  P  N  K  K  A  C  T  D  R  L  R
B  R  N  M  I  E  E  Æ  L  E  C  K  T  A  V
D  S  K  L  A  Z  K  R  A  B  V  A  R  E  O
V  J  L  I  C  N  E  T  S  G  A  G  O  Q  Z
P  Y  B  F  T  X  B  L  I  O  J  M  P  L  D
S  O  W  M  D  E  U  A  Q  V  X  Y  X  E  C
B  L  Y  A  N  T  K  K  D  R  G  Y  C  R  X
O  T  E  T  I  V  I  T  A  E  R  K  H  O  C
N  O  J  C  Z  C  P  R  U  T  P  L  U  K  S
F  O  T  O  G  R  A  F  I  R  M  X  Y  P  L
```

ARKITEKTUR
LER
KUNSTNER
MESTERVÆRK
TRÆKUL
STAFFELI
VOKS
KERAMIK
KREATIVITET
FILM

FOTOGRAFI
KRIDT
BLYANT
PEN
PERSPEKTIV
PORTRÆT
SKULPTUR
STENCIL
LAK

10 - Tempo

```
E  M  I  T  Q  G  F  K  A  L  E  N  D  E  R
F  E  G  A  W  P  S  Ø  M  O  R  G  E  N  U
T  U  N  I  M  U  B  I  R  O  N  Å  H  Z  V
E  A  W  I  F  I  U  U  H  D  R  M  R  T  B
R  Å  G  I  R  N  A  U  U  Y  U  X  M  P  J
P  C  A  X  E  B  M  Z  Y  Z  S  U  A  U  P
Z  G  D  W  M  R  I  L  I  Q  J  Z  J  Q  L
S  V  O  X  T  E  D  E  R  D  N  U  H  R  Å
P  N  Z  F  I  F  D  U  G  E  B  X  M  L  R
Q  M  A  T  D  X  A  B  F  X  D  T  Q  K  T
T  G  Y  R  G  I  G  I  L  R  Å  O  N  F  I
O  F  P  E  T  D  A  V  W  F  L  E  G  I  H
L  U  T  I  D  C  D  C  I  T  E  Y  O  I  B
R  D  D  R  X  M  I  C  S  A  F  K  F  B  J
W  C  M  B  O  S  M  Å  N  E  D  N  A  T  R
```

ÅR	MIDDAG
ÅRLIG	MINUT
KALENDER	NAT
ÅRTI	I DAG
EFTER	TIME
FREMTID	UR
DAG	SNART
I GÅR	FØR
MORGEN	ÅRHUNDREDE
MÅNED	UGE

11 - Astronomia

```
U  J  T  S  U  P  E  R  N  O  V  A  H  O  G
N  P  Y  T  M  G  G  W  I  E  N  G  I  F  A
I  S  N  T  E  N  A  L  P  Q  D  F  M  K  L
V  D  G  T  E  I  Z  S  H  U  E  O  M  M  A
E  P  D  U  D  L  N  E  F  I  G  B  E  U  K
R  F  E  A  Q  Å  E  F  P  N  J  O  L  C  S
S  A  K  N  H  R  C  S  G  O  J  O  R  D  E
S  S  R  O  E  T  E  M  K  X  D  F  V  B  V
K  T  A  R  R  S  I  M  V  O  F  H  Y  C  C
O  R  F  T  A  G  G  Y  J  T  P  U  S  R  F
S  O  T  S  U  K  A  S  T  E  R  O  I  D  E
M  N  B  A  Z  V  E  X  P  M  R  P  K  L  N
O  O  E  J  V  X  E  T  N  E  B  U  L  A  Å
S  M  O  B  S  E  R  V  A  T  O  R  I  U  M
K  O  N  S  T  E  L  L  A  T  I  O  N  U  H
```

ASTEROIDE	METEOR
ASTRONAUT	NEBULA
ASTRONOM	OBSERVATORIUM
HIMMEL	PLANET
KOSMOS	STRÅLING
KONSTELLATION	RAKET
EQUINOX	SUPERNOVA
GALAKSE	TELESKOP
TYNGDEKRAFT	JORD
MÅNE	UNIVERS

12 - Algebra

```
I  F  F  G  N  I  N  G  I  L  U  N  Q  R  J
P  A  O  I  R  U  E  N  D  E  L  I  G  Q  Z
H  K  R  L  D  A  R  C  Z  G  Z  O  B  X  A
G  T  E  B  I  L  F  G  M  A  R  G  A  I  D
Y  O  N  R  V  Ø  S  V  A  G  E  G  J  X  C
L  R  K  Ø  I  S  S  E  T  N  E  R  A  P  R
E  R  L  K  S  N  D  Q  R  Æ  E  N  I  L  E
M  K  E  A  I  I  P  D  I  N  U  M  M  E  R
R  P  S  X  O  N  W  Z  X  J  P  D  Z  Y  C
O  G  R  P  N  G  V  A  R  I  A  B  E  L  A
F  T  B  O  O  F  X  Y  T  M  P  M  M  T  J
V  T  C  V  B  N  W  O  A  E  Q  R  I  W  K
H  J  D  K  E  L  E  F  A  L  S  K  F  W  A
J  O  S  X  S  J  E  N  Y  Q  J  K  C  U  C
U  F  T  P  Z  T  E  M  T  E  T  B  D  F  Y
```

DIAGRAM	LINEÆR
DIVISION	MATRIX
LIGNING	NUMMER
EKSPONENT	PARENTES
FALSK	PROBLEM
FAKTOR	FORENKLE
FORMEL	LØSNING
BRØK	VARIABEL
GRAF	NUL
UENDELIG	

13 - Mitologia

```
F  I  S  U  O  L  A  J  I  O  Y  P  K  L  C
O  X  V  A  U  D  Ø  D  E  L  I  G  H  E  D
M  F  U  E  G  V  Æ  S  E  N  E  D  R  O  T
Y  W  D  Y  E  N  Y  L  C  K  S  S  Y  V  L
S  A  R  K  E  T  Y  P  E  L  R  P  Y  F  E
L  K  H  H  N  J  E  A  R  A  E  Y  E  Z  H
J  I  A  Z  J  X  F  D  Y  B  G  X  T  V  K
T  M  N  B  F  G  O  F  H  Y  I  I  S  S  M
Z  U  M  Z  E  I  R  Æ  U  R  R  H  A  F  Z
G  U  D  E  R  L  T  R  M  I  K  L  W  E  K
F  C  N  Y  F  E  S  D  A  N  V  Æ  H  N  Y
D  J  K  Y  W  D  A  E  G  T  P  T  H  R  D
Y  O  B  A  N  Ø  T  S  I  K  U  L  T  U  R
B  K  U  O  Q  D  A  I  S  V  M  J  L  Y  F
U  J  H  U  E  M  K  K  K  S  X  W  P  F  N
```

ARKETYPE	JALOUSI
ADFÆRD	KRIGER
VÆSEN	UDØDELIGHED
SKABELSE	LABYRINT
KULTUR	SAGN
KATASTROFE	MAGISK
GUDER	DØDELIG
HELT	UHYRE
STYRKE	TORDEN
LYN	HÆVN

14 - Piante

```
K  A  B  R  I  C  G  W  G  H  K  C  F  K  K
O  W  I  L  T  S  D  D  Ø  A  R  Z  B  A  A
E  P  J  Z  O  H  C  T  D  V  O  B  U  S  K
W  Y  R  C  V  M  P  O  N  E  N  F  S  D  T
T  B  G  R  R  T  S  J  I  A  B  A  K  V  U
I  Ø  Q  I  O  F  J  T  N  D  L  P  Z  P  S
T  N  W  Q  V  J  R  M  G  U  A  L  D  Y  Y
P  N  V  O  K  S  Z  W  R  D  D  F  O  E  W
F  E  Ø  E  N  O  I  T  A  T  E  G  E  V  Q
R  L  L  T  D  B  O  T  A  N  I  K  Z  O  U
G  E  O  Æ  O  B  E  B  A  M  B  U  S  K  J
J  Y  N  R  R  G  E  D  S  E  E  J  A  S  Y
Z  G  H  T  A  N  P  N  S  M  V  U  V  E  B
V  Z  S  O  G  R  Æ  S  D  O  N  V  D  U  Æ
C  Z  A  K  F  Q  Y  W  R  S  Z  R  G  C  R
```

TRÆ	GØDNING
BÆR	BLOMST
BAMBUS	FLORA
BOTANIK	LØV
KAKTUS	SKOV
BUSK	HAVE
VOKSE	MOS
VEDBEND	KRONBLAD
GRÆS	ROD
BØNNE	VEGETATION

15 - Spezie

```
S  I  N  A  S  H  V  I  D  L  Ø  G  F  V  I
A  A  Y  X  D  P  G  X  V  D  F  K  E  A  N
F  L  M  Q  I  O  I  Y  Q  A  B  P  N  N  G
F  J  N  E  R  Z  R  D  U  C  E  D  N  I  E
R  R  U  M  K  G  X  K  S  B  M  V  I  L  F
O  M  R  L  A  U  N  O  X  K  M  T  K  J  Æ
N  R  L  T  L  R  S  R  W  H  O  Q  E  E  R
Q  Q  T  E  Y  K  A  I  Z  J  M  M  L  I  R
P  E  B  E  R  E  L  A  A  N  E  K  M  R  G
L  K  I  N  O  M  T  N  O  M  D  V  W  E  I
E  Ø  F  P  V  E  S  D  V  S  R  X  T  T  N
N  M  G  S  E  J  R  E  D  Q  A  N  G  T  E
A  Z  N  I  Ø  E  Y  R  R  A  K  D  J  I  M
K  K  S  Z  Y  D  P  A  P  R  I  K  A  B  W
T  Q  P  J  M  U  S  K  A  T  N  Ø  D  M  Z
```

HVIDLØG	SØD
BITTER	FENNIKEL
ANIS	LAKRIDS
KANEL	MUSKATNØD
KARDEMOMME	PAPRIKA
LØG	PEBER
KORIANDER	SALT
SPIDSKOMMEN	VANILJE
GURKEMEJE	SAFFRON
KARRY	INGEFÆR

16 - Numeri

```
T Y V E D Y L L F U Q Y X Q T
U P B P N X J A T Q P E A S R
S E K S T E N E T T E R T Y E
R T R P G N E T T I N F O V Y
B T E I N M T C O B Q J J S D
K O T I F Y T F Q L U N T Q L
K P F U J B A U E X V C M U V
P E E V W E J L A M I C E D R
A R L R V A H F N E T T Y S S
Y D P Q S B P J C F I E K Z D
S R A G T S N O N P X S N Y J
N H L L J I L R J E C E A J W
X L L X Z T O T K Z C K E X F
G N C N L L T E C Z J S L D K
K I B D W G C N M P R M R E Q
```

FEM	FJORTEN
DECIMAL	FIRE
NITTEN	FEMTEN
SYTTEN	SEKSTEN
ATTEN	SEKS
TI	SYV
TOLV	TRE
TO	TRETTEN
NI	TYVE
OTTE	NUL

17 - Cioccolato

```
K  L  T  O  I  N  O  Y  U  C  F  A  K  J  C
V  V  K  V  A  U  G  U  O  Z  A  R  O  O  E
F  E  A  B  C  K  N  Q  F  V  V  H  K  R  G
B  K  A  L  E  M  A  R  A  K  O  T  O  D  R
I  S  C  R  I  L  R  H  I  F  R  N  S  N  C
T  O  U  A  O  T  T  N  C  H  I  A  N  Ø  S
T  T  I  Y  C  M  E  W  T  B  T  D  Ø  D  M
E  I  U  C  X  A  A  T  J  P  T  I  D  D  A
R  S  R  E  I  R  O  L  A  K  S  X  U  E  G
S  K  S  U  K  K  E  R  V  V  A  O  R  R  G
L  D  S  Ø  D  I  N  G  R  E  D  I  E  N  S
I  T  H  V  L  M  Y  F  F  B  Z  T  K  S  O
K  A  R  D  H  M  N  L  F  S  M  N  K  B  J
H  V  O  P  S  K  R  I  F  T  P  A  Æ  X  Y
P  Z  F  X  C  C  O  P  D  R  E  V  L  U  P
```

BITTER	SØD
ANTIOXIDANT	EKSOTISK
JORDNØDDER	SMAG
AROMA	INGREDIENS
TRANG	KOKOSNØD
CACAO	PULVER
KALORIER	FAVORIT
SLIK	KVALITET
KARAMEL	OPSKRIFT
LÆKKER	SUKKER

18 - Guida

```
F  T  X  N  X  Q  H  A  S  T  I  G  H  E  D
Y  O  R  O  T  O  M  W  B  M  U  I  B  N  C
T  Y  D  A  D  M  O  T  O  R  C  Y  K  E  L
A  E  S  G  N  W  P  S  I  C  V  E  V  X  E
T  F  C  J  Æ  S  H  F  S  N  E  C  I  L  N
M  K  E  L  T  N  P  B  U  S  J  Y  C  B  N
G  E  G  A  R  A  G  O  F  G  I  E  G  R  U
F  A  R  E  O  O  M  E  R  Q  B  W  A  E  T
V  G  W  Q  K  I  F  A  R  T  Q  W  S  M  U
P  C  L  I  B  R  Æ  N  D  S  T  O  F  S  L
J  L  T  F  T  L  B  S  R  E  O  Z  K  E  Y
L  X  V  Z  S  I  K  K  E  R  H  E  D  R  K
V  N  Z  R  Z  B  L  H  Q  M  E  T  G  Y  K
O  S  J  M  J  Z  W  O  I  F  M  A  J  S  E
O  S  D  Z  F  P  M  E  P  A  O  S  A  Q  M
```

BIL	MOTOR
BUS	FODGÆNGER
BRÆNDSTOF	FARE
BREMSER	POLITI
GARAGE	SIKKERHED
GAS	VEJ
ULYKKE	TRAFIK
LICENS	TRANSPORT
KORT	TUNNEL
MOTORCYKEL	HASTIGHED

19 - I Media

```
J  Q  F  I  H  Z  B  U  U  O  K  I  U  L  M
O  P  D  R  T  F  R  T  U  F  O  N  D  E  F
M  E  J  M  D  S  Z  T  D  F  M  D  G  U  C
A  J  W  N  A  F  K  D  E  M  I  A  T  F
B  I  L  L  E  D  E  R  A  N  E  V  V  K  I
F  P  R  P  M  M  F  Æ  N  T  R  I  E  E  N
L  A  K  E  Y  C  L  V  N  L  C  D  P  L  A
R  M  K  K  G  O  A  T  E  I  I  U  F  L  N
L  E  Y  T  L  N  T  E  L  G  E  E  J  E  S
N  N  L  B  A  L  I  N  S  W  L  L  L  T  I
O  I  D  A  R  I  G  N  E  T  F  D  Y  N  E
G  N  U  T  M  N  I  N  D  U  S  T  R  I  R
N  G  M  I  X  E  D  U  C  L  A  K  O  L  I
A  V  I  S  E  R  I  Y  A  L  O  V  Q  A  N
T  E  L  E  V  I  S  I  O  N  V  H  T  Q  G
```

HOLDNINGER	INDUSTRI
KOMMERCIEL	INTELLEKTUEL
DIGITAL	LOKAL
UDGAVE	ONLINE
UDDANNELSE	MENING
FAKTA	OFFENTLIG
FINANSIERING	RADIO
BILLEDER	NETVÆRK
AVISER	TELEVISION
INDIVIDUEL	

20 - Forza e Gravità

```
V H A S T I G H E D Q U T W C
Æ N Z C P U V Y D I T U Q H E
G Q M G F V M U T N E M O M N
T A K S E T K M E K A N I K T
M A G N E T I S M E D T M I E
F W G M J N S X M S Y P S C R
P R T D T J Y Y O L N L B F J
J V I T N R F A D E A A E E A
C Q K K Z J Y D N G M N V K Z
Z K H P T F E K E A I E Æ U Y
B J B F N I K R J D S T G T P
T K U E I P O E E P K E E V Q
L E S R E V I N U O A R L E Z
U D V I D E L S E H S E S M Z
M M F E T L Q B Ø L S D E R K
```

AKSE	KREDSLØB
FRIKTION	VÆGT
CENTER	PLANETER
DYNAMISK	TRYK
AFSTAND	EJENDOMME
UDVIDELSE	OPDAGELSE
FYSIK	MOMENTUM
MAGNETISME	TID
MEKANIK	UNIVERSEL
BEVÆGELSE	HASTIGHED

21 - Uccelli

```
K  T  C  Z  I  T  J  W  H  A  D  B  Z  W  W
Y  F  O  G  N  I  M  A  L  F  M  Z  K  U  T
L  L  G  U  F  Å  P  P  A  P  E  G  Ø  J  E
L  Q  Ø  T  C  H  D  L  Z  L  U  S  B  J  S
I  N  G  B  M  A  S  Å  G  Q  D  I  M  S  P
N  I  F  I  Q  Y  N  T  K  S  V  A  N  E  U
G  D  X  U  H  J  A  E  R  J  E  H  I  G  R
Ø  R  N  Z  X  P  K  B  O  U  O  F  V  Å  V
F  Q  A  U  G  D  I  I  T  K  D  R  G  M  U
M  V  A  L  T  Y  L  M  S  O  N  S  N  Y  H
B  V  K  S  F  O  E  I  C  J  A  B  I  N  K
F  K  J  W  T  D  P  I  F  R  H  K  P  Æ  H
A  E  J  U  X  L  T  S  S  Y  M  Ø  Q  G  G
Y  R  V  B  G  Q  N  O  R  C  F  Z  G  Z  T
J  U  L  E  A  L  B  K  N  Q  Z  M  L  F  T
```

HEJRE	PAPEGØJE
AND	SPURV
ØRN	PÅFUGL
STORK	PELIKAN
SVANE	DUE
GØG	PINGVIN
HØG	KYLLING
FLAMINGO	STRUDS
MÅGE	TOUCAN
GÅS	ÆG

22 - Giorni e Mesi

```
D  K  P  J  N  K  J  S  R  A  O  I  V  N  S
F  E  E  Z  S  G  A  D  E  R  F  N  X  O  A
Y  G  C  R  W  O  N  G  L  D  O  A  X  V  M
S  U  A  E  N  R  U  F  E  O  A  J  F  E  A
J  E  X  B  M  K  A  G  A  P  R  I  L  M  I
H  N  P  O  F  B  R  A  J  U  L  I  B  B  W
T  C  G  T  E  R  E  D  N  E  L  A  K  E  U
S  R  A  K  E  S  P  R  Q  P  Z  T  X  R  M
U  Ø  D  O  S  M  F  Ø  J  O  U  J  Z  A  N
G  H  N  Z  Y  O  B  L  X  M  Z  Z  L  U  Q
U  G  A  D  S  N  O  E  M  Q  T  A  L  R  T
A  E  M  E  A  Z  X  C  R  P  G  T  F  B  O
J  V  M  N  P  G  A  D  S  R  I  T  G  E  J
L  L  P  Å  R  J  U  N  I  H  P  N  K  F  F
C  G  W  M  J  A  Y  Z  E  D  W  L  D  X  Y
```

AUGUST	MANDAG
ÅR	TIRSDAG
APRIL	ONSDAG
KALENDER	MÅNED
DECEMBER	NOVEMBER
SØNDAG	OKTOBER
FEBRUAR	LØRDAG
JANUAR	SEPTEMBER
JUNI	UGE
JULI	FREDAG

23 - Casa

```
B E G O L L O F T S R U M B H
S P V M Q M G H D Y J M L R Y
I M V A C E U Z H K I Y U U L
V A N D H A N E E P P Æ T S K
Y L V I N D U E G Æ V Q B E O
A O S H H K O S N A Y C R R S
W F E P L P Q L E P T S H Q T
R T D J E A D E K E W E D D B
Q R B D L J O R K J B K G Ø J
H K P L S Y L Æ Ø S F J E R K
F H K H L Z P V K I I X V A Z
U V M I G A R A G E J U E D S
Q V T R A B I B L I O T E K S
Y W Q R T U U H T R G E X J G
S Z S S H T S H C B X Z W D A
```

LOFTSRUM	VÆG
BIBLIOTEK	ETAGE
VÆRELSE	DØR
PEJS	HEGN
KØKKEN	VANDHANE
BRUSER	KOST
VINDUE	LOFT
GARAGE	SPEJL
HAVE	TÆPPE
LAMPE	TAG

24 - Fantascienza

```
N  B  B  V  Y  Y  W  Y  F  R  R  G  M  K  F
I  J  R  E  G  Ø  B  G  A  L  A  K  S  E  A
Q  N  A  F  Z  F  P  N  R  Z  M  A  W  L  N
M  T  N  W  O  W  G  C  G  J  O  Z  W  C  T
I  Y  D  H  Y  E  C  E  O  F  T  C  N  A  A
V  L  S  M  C  X  P  Z  I  R  A  N  N  R  S
U  E  L  T  M  C  G  F  B  Æ  X  M  I  O  T
T  X  R  U  I  G  O  L  O  N  K  E  T  D  I
O  C  N  D  S  S  J  T  Y  I  T  R  E  Y  S
P  A  R  E  E  I  K  B  P  G  K  T  N  S  K
I  B  X  B  T  N  O  N  P  A  P  S  A  T  W
T  B  I  B  I  F  G  N  B  M  V  K  L  O  X
R  O  B  O  T  T  E  R  I  I  T  E  P  P  Y
F  U  T  U  R  I  S  T  I  S  K  F  S  I  X
R  E  A  L  I  S  T  I  S  K  S  I  O  V  P
```

ATOMAR	BØGER
BIOGRAF	MYSTISK
DYSTOPI	VERDEN
EKSTREM	ORACLE
FANTASTISK	PLANET
BRAND	REALISTISK
FUTURISTISK	ROBOTTER
GALAKSE	TEKNOLOGI
ILLUSION	UTOPI
IMAGINÆR	

25 - Città

```
B F Z J S K S L U F T H A V N
R A B D T H K I T U B E I E T
E R N E A D O O Y M B M D I J
S G T K D L L E D N A H G O B
T O E R I U E E Z O O H W B B
A I T A O A P K T J H M G I A
U B I M N S V U L O G B J B G
R Z S U A B K K I I H O U L E
A J R E T A E T M R N Q W I R
N M E S Y Q T I G E X I A O I
T R V U D Z O Z B L O Z K T A
Z J I M B Q P O N L V F O E C
Y T N F Q W A U B A I N G K L
G M U I P O W I U G W N Z T T
S U P E R M A R K E D Y T A N
```

LUFTHAVN
BANK
BIBLIOTEK
BIOGRAF
KLINIK
APOTEK
GALLERI
HOTEL
BOGHANDEL
MARKED

MUSEUM
BUTIK
BAGERI
RESTAURANT
SKOLE
STADION
SUPERMARKED
TEATER
UNIVERSITET
ZOO

26 - Fattoria #1

```
N  S  T  Q  N  G  U  R  B  D  N  A  L  Æ  H
B  I  T  E  A  Ø  R  F  K  D  V  Q  I  S  R
K  R  R  H  U  D  J  W  K  R  A  M  U  E  D
P  B  L  S  R  N  E  M  O  O  C  Y  L  L  G
C  Z  U  V  N  I  Ø  B  L  W  Z  J  Z  O  N
C  G  N  I  N  N  O  H  F  P  O  V  W  F  B
Z  H  P  N  J  G  F  Q  U  Y  U  E  O  K  Q
Q  E  V  L  A  K  U  E  Q  N  U  L  E  B  B
U  S  A  H  Y  W  K  K  V  K  D  N  X  M  K
E  T  N  B  S  X  M  J  B  A  Z  F  R  E  Y
X  A  D  U  A  W  I  N  S  T  Z  M  Z  Q  L
H  K  E  H  J  D  X  B  J  X  Q  U  B  C  L
H  E  G  N  E  N  F  K  W  V  O  K  P  C  I
Z  V  A  K  K  J  U  O  P  Z  O  L  N  Y  N
W  I  V  C  Q  S  P  T  T  U  U  O  U  D  G
```

VAND	KAT
LANDBRUG	FLOK
BI	SVIN
ÆSEL	HONNING
MARK	KO
HUND	KYLLING
GED	HEGN
HEST	RIS
GØDNING	FRØ
HØ	KALV

27 - Psicologia

```
X  Q  T  M  O  M  R  D  F  S  E  Z  W  S  K
P  W  P  M  O  O  E  T  M  Z  I  W  U  I  L
I  M  L  F  B  D  S  K  E  I  M  P  N  Z  I
P  E  R  S  O  N  L  I  G  H  E  D  D  B  N
A  A  M  N  I  R  E  L  S  D  L  F  E  E  I
R  D  N  P  T  A  L  F  C  R  B  A  R  V  S
E  V  F  F  T  B  Ø  N  A  V  O  F  B  I  K
T  A  P  Æ  J  D  F  O  T  Y  R  E  E  D  I
O  L  R  J  R  K  M  K  R  E  P  M  V  S  Q
B  V  V  R  Y  D  B  N  W  E  Y  Q  I  T  S
O  P  F  A  T  T  E  L  S  E  L  T  D  L  T
K  O  G  N  I  T  I  O  N  K  H  A  S  Ø  B
K  D  P  F  P  U  C  E  G  O  P  Y  T  S  X
S  E  N  S  A  T  I  O  N  V  B  M  Y  F  U
E  O  M  Q  Q  X  T  A  N  K  E  R  O  U  A
```

AFTALE	BARNDOM
KLINISK	TANKER
KOGNITION	OPFATTELSE
ADFÆRD	PERSONLIGHED
KONFLIKT	PROBLEM
EGO	SENSATION
FØLELSER	UNDERBEVIDST
IDEER	TERAPI
BEVIDSTLØS	

28 - Paesaggi

```
H G C P F T C R D L T P H G V
B D Q Y D L A F D N A V H B U
E F A E X G O O W H B Q I L L
K Y Y Z R T Y D J P S Y S T K
Q G D V D H A R D N U T B V A
O C E A N G R E J B M A J H N
A N K H A E L Z M L P F E H E
N Z K D R P K E C Z X J R H M
L S A A T O K R T Y W U G P N
D T B L S Y P E Ø S Z F W A L
S B O V C H C S V J J Q N K X
E E Z C Y F C J L G E E N V W
O A S E C K N E A G K W R O M
Z C I U D R M G H C Y I K G M
D M Q Q T I H U L E W J F R V
```

VANDFALD	BJERG
BAKKE	OASE
ØRKEN	OCEAN
FLOD	SUMP
GEJSER	HALVØ
GLETSJER	STRAND
HULE	TUNDRA
ISBJERG	DAL
SØ	VULKAN
HAV	

29 - Energia

```
I E V T F B U C C K C Y X X B
N B N Q I L E S E I D L U O G
D C O T N K D N O M N H C M S
U A U O R I F J Z Y I A V Q M
S K K F V O R T A I V L H Y L
T U B O T Z P M A D N D J W B
R L R T D N K I V A R M E Ø A
I S I O F O R U R E N I N G T
S T N N T R O V Y K T K U A T
O O T B U T T K I J K W T T E
H F Q H R K O N T M C A K Q R
X I N A B E M U E T K D A W I
T X H G I L E Y N R O F A G O
A Q O U N E E L E K T R I S K
L A Y K E B R Æ N D S T O F K
```

MILJØ
BATTERI
BENZIN
VARME
KULSTOF
BRÆNDSTOF
DIESEL
ELEKTRISK
ELEKTRON
ENTROPI

FOTON
BRINT
INDUSTRI
FORURENING
MOTOR
FORNYELIG
TURBINE
DAMP
VIND

30 - Moda

```
M  M  I  N  I  M  A  L  I  S  T  I  S  K  C
I  O  K  E  R  W  Z  K  T  E  K  S  T  U  R
M  K  D  D  U  D  K  S  T  O  F  X  U  B  I
R  N  V  E  I  X  O  I  R  I  G  L  L  M  I
I  A  J  K  R  E  P  T  Y  T  L  V  E  U  F
R  P  T  S  M  N  V  K  D  N  O  L  B  E  F
R  P  Ø  E  O  P  E  A  Q  A  J  S  A  U  N
U  E  J  B  G  B  W  R  O  G  A  Z  T  Q  T
X  R  B  V  H  Y  R  P  W  E  F  X  R  I  Q
T  R  E  N  D  P  M  O  O  L  W  I  O  T  L
N  C  C  N  G  Z  Y  O  D  E  G  S  F  U  Y
M  Ø  N  S  T  E  R  G  A  E  X  X  M  O  I
S  I  M  P  E  L  G  J  C  E  R  U  O  B  D
O  R  I  G  I  N  A  L  L  I  F  I  K  M  F
S  O  F  I  S  T  I  K  E  R  E  T  J  D  R
```

TØJ	BLOND
BOUTIQUE	PRAKTISK
DYRT	KNAPPER
KOMFORTABEL	BRODERI
ELEGANT	SIMPEL
MINIMALISTISK	SOFISTIKERET
MØNSTER	STIL
MODERNE	TREND
BESKEDEN	STOF
ORIGINAL	TEKSTUR

31 - L'Azienda

```
P  R  Æ  S  E  N  T  A  T  I  O  N  U  G  U
A  L  E  U  L  Q  E  Q  I  P  S  G  L  L  E
J  A  N  W  C  B  T  R  C  N  R  F  Y  O  S
D  C  H  D  G  W  I  A  I  T  D  Y  T  B  L
X  S  E  R  B  W  L  K  S  E  K  T  I  A  E
D  C  D  N  T  A  A  R  I  N  Y  D  Æ  L  G
E  U  E  Q  B  V  V  E  R  D  K  I  K  G  I
H  I  R  Y  Z  I  K  O  I  E  U  R  R  P  T
G  N  I  R  E  T  S  E  V  N  I  K  E  R  F
I  D  A  W  M  A  D  D  C  S  U  S  A  O  Æ
L  U  L  T  U  V  H  A  W  E  W  M  T  D  K
U  S  O  W  Q  O  T  G  K  R  N  E  I  U  S
M  T  L  Ø  N  N  I  N  G  E  R  R  V  K  E
Y  R  F  N  B  N  H  L  J  O  Z  F  A  T  B
V  I  T  G  N  I  N  T  U  L  S  E  B  G  L
```

KREATIV	PRODUKT
BESLUTNING	FREMSKRIDT
GLOBAL	KVALITET
INDUSTRI	INDTÆGT
INNOVATIV	RY
INVESTERING	RISICI
BESKÆFTIGELSE	LØNNINGER
MULIGHED	TENDENSER
PRÆSENTATION	ENHEDER

32 - Giardino

```
G V R T S W Q P B B H D S N T
R Z V I N S T O K D U S Q Y Z
Æ Z E W O Y U U G M K S J W F
S R G E U Q V L Y A K Y K S J
P X I R G H P F O B P C E E V
L T E V Æ D A M B M U E D L A
Æ R L U E S F R U G T H A V E
N Æ G A R A G E H T S B S O J
E V A H U Z V G E E M Æ P K Ø
J O R D K K P N G R O N Z S K
T Y X T R L C A N R L K X R E
M R Y S U N N L J A B G A L G
B H P K D U S S U S Z Z P R N
P A D G T O C R P S T D W Y Æ
T R A M P O L I N E X H U J H
```

TRÆ   BÆNK
HÆNGEKØJE   GRÆSPLÆNE
BUSK   RIVE
GRÆS   HEGN
UKRUDT   DAM
BLOMST   JORD
FRUGTHAVE   TERRASSE
GARAGE   TRAMPOLIN
HAVE   SLANGE
SKOVL   VINSTOK

33 - Riscaldamento Globale

```
I  N  T  E  R  N  A  T  I  O  N  A  L  U  I
O  P  M  Æ  R  K  S  O  M  H  E  D  R  O  L
U  Q  L  K  D  C  I  M  D  F  S  V  E  Q  W
N  T  E  L  O  L  U  I  E  X  I  A  D  W  S
L  Y  I  Q  O  U  C  N  S  X  R  W  E  Q  I
P  I  G  V  F  V  G  N  C  P  K  S  T  S  N
G  J  B  N  D  Z  G  R  I  P  F  R  S  Q  D
A  R  K  T  I  S  K  I  G  R  E  N  E  Q  U
T  L  H  X  T  L  R  A  V  N  O  G  V  P  S
A  U  P  I  M  N  K  V  Q  N  F  A  E  R  T
D  V  O  X  E  L  J  I  G  A  I  S  L  K  R
C  T  R  W  R  P  I  K  V  W  G  N  K  L  I
A  B  B  P  F  I  G  W  D  D  W  U  G  I  E
M  N  R  E  G  E  R  I  N  G  U  H  K  M  Y
M  I  L  J  Ø  M  Æ  S  S  I  G  N  J  A  I
```

MILJØMÆSSIG	GAS
ARKTISK	REGERING
OPMÆRKSOMHED	LEVESTEDER
KLIMA	INDUSTRI
KRISE	INTERNATIONAL
DATA	LOVGIVNING
ENERGI	NU
FREMTID	UDVIKLING

34 - Frutta

```
W  N  N  K  C  L  P  O  K  M  G  Z  Z  Z  V
A  E  I  W  I  K  Æ  P  C  C  A  Z  E  O  A
B  K  O  Q  T  B  R  A  E  I  W  N  P  A  T
R  T  H  N  R  E  E  P  R  Æ  B  A  G  Q  R
I  A  G  E  O  X  D  A  Æ  Q  V  F  E  O  Æ
K  R  Z  O  N  L  W  Y  B  L  O  M  M  E  B
O  I  Y  D  R  H  T  A  M  T  Q  Æ  B  L  E
S  N  B  A  Æ  A  A  O  O  E  D  R  U  E  S
A  Q  R  C  B  V  N  X  R  G  L  X  G  J  R
N  L  B  O  D  F  A  G  B  K  J  O  Q  K  I
A  U  A  V  N  N  N  R  E  P  S  R  N  S  K
N  Z  A  A  I  E  A  P  H  C  Z  E  U  P  H
A  I  R  C  H  N  B  R  L  H  H  W  S  P  F
C  Q  R  P  K  D  C  J  V  H  Q  E  X  V  S
F  E  R  S  K  E  N  Q  R  B  R  Y  J  C  U
```

ABRIKOS	MANGO
ANANAS	ÆBLE
ORANGE	MELON
AVOCADO	BROMBÆR
BÆR	NEKTARIN
BANAN	PAPAYA
KIRSEBÆR	PÆRE
KIWI	FERSKEN
HINDBÆR	BLOMME
CITRON	DRUE

35 - Fattoria #2

```
A H L T G Y B K C O F M F L Q
A C Y G N J A Y Q U R A P A T
K W U R I C S K P A U J O N Q
C O P Å D T M P H V G S X D B
F L J F N E A B D X T J C M N
D Z A N A B D N A W H Z O A M
C R R M V U U T K J A T C N L
A J B M T K L Æ M Z V R P D A
N D T L S I K I O G E A G H M
Z D M G N B B Y K N D K Q P A
W A Y X U H V E D E A T K N O
L X H B K R U E G M L O K V R
E N G O Z Y F U A Q X R W D M
G Æ S U N D Q V L U P M Q H D
H C M D X Q O B O T W L L F L
```

LAM	KUNSTVANDING
LANDMAND	LAMA
BIKUBE	MÆLK
AND	MAJS
DYR	GÆS
MAD	BYG
LADE	HYRDE
FRUGT	FÅR
FRUGTHAVE	ENG
HVEDE	TRAKTOR

36 - Verdure

```
P E R S I L L E I T E R G K X
M R J R U N Y W Y N P A C G Æ
A G U R K X R Y L A G D P P R
G Ø L E T T O L A K S E G N T
L I K E N I G R E B U A F N K
B C J P F M A J R O E S M Æ J
U P Q W S F L Ø G O P W B S R
A R T I S K O K T O M A T E S
Y F E X J L H T M S A G Q L P
O S S A L A T R Q V K K L I
H V I D L Ø G P J A S W U E N
P S D G U L E R O D K L J R A
B T A G R Æ S K A R I L H I T
J A R Z F P O S A C N O F N B
M G Y J Y J M B R O C C O L I
```

HVIDLØG

BROCCOLI

ARTISKOK

GULEROD

AGURK

LØG

SVAMP

SALAT

AUBERGINE

KARTOFFEL

ÆRT

TOMAT

PERSILLE

MAJROE

RADISE

SKALOTTELØG

SELLERI

SPINAT

INGEFÆR

GRÆSKAR

37 - Musica

```
J  L  N  K  K  Q  S  A  N  G  E  R  X  Z  U
H  A  R  M  O  N  I  Q  O  E  D  E  O  Q  T
D  K  U  D  Y  E  C  Q  F  Q  A  K  I  K  S
B  O  G  L  P  G  X  E  O  I  L  I  N  Q  A
C  V  O  P  T  N  Y  B  R  I  L  S  D  L  N
K  S  I  M  T  Y  R  V  K  A  A  U  S  I  C
P  L  G  C  Z  S  R  Q  I  N  B  M  P  N  H
L  U  A  Z  S  S  A  S  M  P  J  J  I  S  E
M  Y  K  S  L  A  K  I  S  U  M  J  L  T  O
E  A  R  K  S  I  N  O  M  R  A  H  N  R  U
L  L  H  I  F  I  W  J  U  O  I  G  I  U  R
O  V  Q  O  S  X  S  P  B  P  P  W  N  M  Y
D  G  N  R  P  K  O  K  L  E  G  E  G  E  T
I  P  O  E  T  I  S  K  A  R  P  V  U  N  M
K  C  N  G  Z  V  H  M  E  A  S  O  O  T  E
```

ALBUM	MIKROFON
HARMONI	MUSIKALSK
HARMONISK	MUSIKER
BALLADE	OPERA
SANGER	POETISK
SYNGE	INDSPILNING
KLASSISK	RYTMISK
KOR	RYTME
LYRISK	INSTRUMENT
MELODI	VOKAL

38 - Barbecue

```
K T A S G L B K D H G K S D B
D U V O Z Ø C P Q X P N A H I
O O V M S A L T Q D E I U U N
F J Q M S G Z B I O B V C Y S
V R R E M I D D A G E E E M A
T E O R M A Y U U K R L F U L
W F T K T N K Y L L I N G S A
F S O M O N X J I C V S U I T
H W M C S S T K V R I H P K E
U C A N O I T A T I V N I I R
X O T F R U G T Q G N M A D L
I R E I L I M A F R I O J E S
M H R K N I Y G Z I R M Y H U
A H S X D E Z F R L S H F F L
P J S R H F J T G L T V H E T
```

HED	GRILL
MIDDAG	SALATER
MAD	INVITATION
LØG	MUSIK
KNIVE	PEBER
SOMMER	KYLLING
SULT	TOMATER
FAMILIE	FROKOST
FRUGT	SALT
SPIL	SAUCE

39 - Fisica

```
M  H  A  S  T  I  G  H  E  D  V  I  G  A  S
S  O  A  K  J  Z  L  F  Y  H  A  N  C  A  X
F  A  L  E  K  I  T  R  A  P  R  D  O  K  S
R  F  E  E  J  I  V  O  D  R  I  T  N  J  D
E  P  M  A  K  T  N  T  J  E  A  F  O  S  T
K  T  R  U  S  Y  T  O  O  L  B  A  I  Y  O
V  M  O  U  I  P  L  M  K  E  E  R  T  B  E
E  X  F  Z  M  A  X  E  S  L  K  A  O  Y
N  B  A  B  E  O  A  F  J  R  A  E  R  R  M
S  P  F  J  K  T  Æ  T  H  E  D  D  E  T  L
E  L  E  K  T  R  O  N  K  V  R  G  L  U  Q
M  E  K  A  N  I  K  J  L  I  M  N  E  J  Y
R  N  X  H  U  H  L  G  W  N  E  Y  C  U  Q
D  E  S  L  E  D  I  V  D  U  S  T  C  G  N
V  G  O  G  E  M  S  I  T  E  N  G  A  M  R
```

ACCELERATION
ATOM
KAOS
KEMISK
TÆTHED
ELEKTRON
UDVIDELSE
FORMEL
FREKVENS
GAS

TYNGDEKRAFT
MAGNETISME
MEKANIK
MOLEKYLE
MOTOR
PARTIKEL
UNIVERSEL
VARIABEL
HASTIGHED

40 - Agronomia

```
U G J D L U M N D V D F F P T
G N I N K S R O F I E N O W C
S L D A M G N I N D Ø G R B X
B Y A E Y K D S L E R Ø U Y C
D C S N R U B O C N F K R P M
O N V T D S S R X S O O E S P
H H I E E B Ø E C K E L N B R
S Ø J L I M R G B A I O I V O
Y G M R G V E U E B K G N A D
G J T F R Y U R G L T I G N U
D O Q C E I S H X M S M A D K
O R P Y N V R G Z P K E V N T
M D Q M E N F F Y T Æ G N Y I
M Ø K O L O G I S K V I C B O
E R U R A L U N O Z H R Z W N
```

VAND	SYGDOMME
LANDBRUG	ØKOLOGISK
MILJØ	PRODUKTION
MAD	FORSKNING
VÆKST	RURAL
ØKOLOGI	VIDENSKAB
ENERGI	FRØ
EROSION	SYSTEMER
GØDNING	UNDERSØGELSE
FORURENING	JORD

41 - Erboristeria

```
B  W  T  S  M  O  L  B  Z  M  X  S  K  S  K
Y  X  I  K  S  I  T  A  M  O  R  A  V  E  D
P  H  M  R  D  T  I  H  E  M  T  S  A  N  P
F  U  I  J  M  J  Q  X  R  V  N  D  L  I  D
V  S  A  M  U  T  V  Y  I  U  A  V  I  R  H
U  N  N  Z  K  A  L  A  A  J  K  H  T  A  V
P  E  R  S  I  L  L  E  N  J  G  O  E  M  I
O  I  G  X  L  E  D  N  E  V  A  L  T  S  D
R  D  G  T  I  N  G  R  Ø  N  T  E  S  O  L
E  E  X  E  S  T  R  A  G  O  N  K  A  R  Ø
G  R  T  M  A  I  L  P  D  I  Y  I  F  B  G
A  G  E  N  B  R  B  Q  R  I  L  N  F  L  N
N  N  M  V  Y  B  K  Y  C  X  N  R  N  W
O  I  P  K  R  M  C  Y  E  E  X  E  O  B  I
K  U  L  I  N  A  R  I  S  K  Y  F  N  M  Y
```

HVIDLØG	LAVENDEL
DILD	MERIAN
AROMATISK	MYNTE
BASILIKUM	OREGANO
KULINARISK	PERSILLE
ESTRAGON	KVALITET
FENNIKEL	ROSMARIN
BLOMST	TIMIAN
HAVE	GRØN
INGREDIENS	SAFFRON

42 - Biologia

```
L A B W J N F V X F N S N Y N
E S E T N Y S O T O F Y A I V
P R O T E I N F E S C M T M Y
I P Q Y B N S R T L B U I V
M K O L L A G E N E H I R M K
O U E N K Y Q G Y R I O L N R
T C T P A T T E D Y R S I E Y
A E E A P L Q L Q O L E G R B
N G T L T B U M H N S O E V D
A B U N L I X Y F O V M Q E Y
Z A J X D E O Z V M O T O O R
S Y N A P S E N O R U E N S P
B A K T E R I E X O R B I F E
K R O M O S O M E H O V H Z K
U D V I K L I N G S H G W S W
```

ANATOMI	MUTATION
BAKTERIE	NATURLIG
CELLE	NERVE
KOLLAGEN	NEURON
KROMOSOM	HORMON
FOSTER	OSMOSE
ENZYM	PROTEIN
UDVIKLING	KRYBDYR
FOTOSYNTESE	SYMBIOSE
PATTEDYR	SYNAPSE

43 - Attività Commerciale

```
K A R R I E R E E V U M R I A
G E N G W L F H A I S E A N R
I Y S P H Z T N M X W D B D B
G N I R E T S E V N I A A K E
I B U D G E T R J C Y R T O J
V R X H L G O E J S V B Ø M D
Y A Q E A N Y I O A A E K S S
O N L W S E T S O K R J O T G
Q A Z U S P W N B S E D N F I
T R V E T N D A Y U R E O A V
N O I T K A S N A R T R M B E
X T I F O R P I Q R T I I R R
B N V I V J A F M G A M K I Q
N O D F I R M A O Z N A P K Z
W K V V C C P B C G E J Z W U
```

BUDGET

BUTIK

KARRIERE

PROFIT

KOSTE

INDKOMST

ARBEJDSGIVER

RABAT

MEDARBEJDER

FIRMA

ØKONOMI

PENGE

FABRIK

TRANSAKTION

FINANSIERE

KONTOR

INVESTERING

VALUTA

VARER

SALG

44 - Fiori

```
M P V J G H L X Y B D Z V L H
T L C E K H P A F Z K C J I I
E U M L A V Å M V P Æ O N L B
K M D C V Q S N A E X A S J I
U E X S O W K R A G N P W E S
B R K G H O E S O R N D P A C
N I M S A J L D B B N O E L U
Q A S L F V I A I K F V L L S
D A I S Y B L L C K B A A I N
Y A L Y C Y J B Z E R E Y L A
V J D D S F E N H N Y O S U P
R E W O L F N O I S S A P A I
Y E R G U W F R M V P M W C L
N X Q T Y J E K K I S L O S U
K L Ø V E R G A R D E N I A T
```

GARDENIA
JASMIN
LILJE
SOLSIKKE
HIBISCUS
LAVENDEL
LILLA
MAGNOLIA
DAISY
BUKET

PÅSKELILJE
ORKIDE
VALMUE
PASSIONFLOWER
PÆON
KRONBLAD
PLUMERIA
ROSE
KLØVER
TULIPAN

45 - Filantropia

```
D M O D G N U G G A D Z X N P
C G E M Å L G R U P P E R T R
C R F N R Ø B W P V A E X U O
G I L T N E F F O Q E I F D G
K D E H N E R Ø G L E V T F R
Æ O T E T I S Ø R E N E G O A
R H N V A D M K B J X R H R M
L I O T V R Z Q E E L E E D M
I S I L A B O L G R H N C R E
G T S A U K R L R J W O J I R
H O S S C B T J K M I D V N E
E R I D P M Y E Z N Z N T G L
D I M S S F K A R L K B Z E D
U E F Æ L L E S S K A B V R I
F I N A N S I E R E K R S B M
```

BØRN
BEHOV
VELGØRENHED
FÆLLESSKAB
KONTAKTER
DONERE
FINANSIERE
MIDLER
GENERØSITET
UNGDOM

GLOBAL
GRUPPER
MISSION
MÅL
ÆRLIGHED
MENNESKER
PROGRAMMER
OFFENTLIG
UDFORDRINGER
HISTORIE

46 - Ecologia

```
P D B Z F R H Q U R K R C M F
F K G G B L A B O L G B I A Æ
N R E C R U O S S E R B R N L
K T W V N A G R R N M Q T G L
N A T U R R B N A M I L K F E
T U W M F T R E T N A L P O S
N A T U R L I G L M U B S L S
V E G E T A T I O N E A Q D K
H G I T G Y D E R Æ B L F I A
A R O V E R L E V E L S E G B
B E I H K N P D C S X T M H E
I J X H R S I Z C O T H P E R
T B K O Ø S I R Q M B P F D B
A N D O T G U D A X T S C Q I
T X K A A N H L C M K K D I Z
```

KLIMA
FÆLLESSKABER
MANGFOLDIGHED
FAUNA
FLORA
GLOBAL
HABITAT
MARINE
BJERGE
NATUR

NATURLIG
MOSE
PLANTER
RESSOURCER
TØRKE
OVERLEVELSE
BÆREDYGTIG
ART
VEGETATION

47 - Discipline Scientifiche

```
T  M  N  M  T  G  L  G  K  I  N  A  K  E  M
E  E  Z  E  Z  H  D  C  K  C  A  S  I  A  P
R  T  O  Y  U  I  H  K  I  U  N  T  T  R  S
M  E  O  B  O  R  T  E  N  Y  A  R  S  K  Y
O  O  L  D  P  T  O  H  A  R  T  O  I  Æ  K
D  R  O  J  J  Q  Q  L  T  O  O  N  V  O  O
Y  O  G  K  I  T  K  F  O  U  M  O  G  L  L
N  L  I  N  E  G  W  H  B  G  I  M  N  O  O
A  O  Z  I  M  E  K  O  I  B  I  I  G  G
M  G  I  G  O  L  O  I  S  Y  F  S  L  I  I
I  I  G  O  L  O  K  Ø  B  I  O  L  O  G  I
K  S  F  L  S  O  C  I  O  L  O  G  I  W  K
B  I  G  O  L  O  N  U  M  M  I  Z  X  X  E
K  L  W  E  B  S  W  A  Q  E  B  E  F  L  M
D  V  I  G  O  L  A  R  E  N  I  M  B  A  I
```

ANATOMI	IMMUNOLOGI
ARKÆOLOGI	LINGVISTIK
ASTRONOMI	MEKANIK
BIOKEMI	METEOROLOGI
BIOLOGI	MINERALOGI
BOTANIK	NEUROLOGI
KEMI	PSYKOLOGI
ØKOLOGI	SOCIOLOGI
FYSIOLOGI	TERMODYNAMIK
GEOLOGI	ZOOLOGI

48 - Scienza

```
U D V I K L I N G F N K O E L
W A C R N A D V E Y B E R K A
P A R T I K L E R S Z M G S B
F E W H I D Z L R I D I A P O
M I N E R A L E R K A S N E R
Z U N E V M A T O M T K I R A
P D T F Z I R A K L A I S I T
X V K K U L E E D M C F M M O
O Y D W A K L I S S O F E E R
K E E U E F Y K H R U T A N I
T Y N G D E K R A F T B P T U
G L U T I X E M E T O D E R M
S V I K U J L H Y P O T E S E
A Z J Z A L O P L A N T E R G
X V D B E C M P N V U A I H S
```

ATOM
KEMISK
KLIMA
DATA
EKSPERIMENT
UDVIKLING
FAKTUM
FYSIK
FOSSIL
TYNGDEKRAFT

HYPOTESE
LABORATORIUM
METODE
MINERALER
MOLEKYLER
NATUR
ORGANISME
PARTIKLER
PLANTER

49 - Acqua

```
R C S E G F K F M W H Z E B R
P L T G M R I U H S E R S F E
D I H Q D R D G B T L Y L O G
G N I D N A V T S N U K E R N
D J G L K A X I U A L Y M D U
A U R F U G T G K K Y B M A S
M S T O T J U J A R D F Ø M N
P N A E C O F E N O Y I V P O
K E T Q B S L F A X R U S N M
G Y K D Q J O R L U E R R I C
J E Z G L T D O E M Y Y E N O
P U J Q G T C S H G F S V G W
I E E S O N W T F U L I O V K
P D N H E Y L Y V Z U Ø K X U
S T R Ø M R E S U R B S B S B
```

OVERSVØMMELSE	SØ
KANAL	MONSUN
BRUSER	SNE
FORDAMPNING	OCEAN
FLOD	BØLGER
STRØM	REGN
FROST	FUGT
GEJSER	FUGTIG
IS	ORKAN
KUNSTVANDING	DAMP

50 - Imbarcazioni

```
N V M A N D S K A B T V I K L
E A W Y I A N K E R I H N T C
E H U I M G B A Z O D F J G L
G S I T K Y B J K J E S S A B
R H C S I E G A R E V B G A E
Æ H Y A Y S A K J X A Ø M S O
F C L M S Ø K F X W N L O D O
S L B Ø J E Z F G M D G T O C
R Y O Y A C H T Y K S E O B E
A E C D Å B L J E S H R R D A
V B V N V J E K A N O M A I N
U D W A G Q G R Y D O L H X Y
I C U M T Ø M M E R F L Å D E
L A O Ø R A X N H U I G E U N
Y B S S C H C R G Q B O I M S
```

MAST	HAV
ANKER	TIDEVAND
SEJLBÅD	SØMAND
BØJE	MOTOR
KANO	NAUTISK
REB	OCEAN
MANDSKAB	BØLGER
FLOD	FÆRGE
KAJAK	YACHT
SØ	TØMMERFLÅDE

51 - Chimica

```
T  N  I  F  Q  X  K  M  A  K  T  P  V  S  N
E  S  S  L  F  P  S  A  Y  V  J  T  R  H  V
M  Z  F  R  O  T  A  S  Y  L  A  T  A  K  N
P  U  Z  V  T  G  V  N  Y  K  S  Y  B  L  Z
E  G  J  U  S  Æ  K  L  O  R  A  M  O  T  A
R  E  Y  N  L  V  S  A  G  I  R  T  K  M  L
A  T  N  N  U  R  I  E  G  H  R  N  X  N  K
T  G  J  P  K  G  G  W  N  S  D  I  A  U  A
U  B  Q  T  G  H  O  Z  X  L  I  L  O  Y  L
R  E  L  Y  K  E  L  O  M  S  T  T  B  S  I
V  A  R  M  E  Y  O  O  Y  L  L  N  L  T  S
S  Y  R  E  K  G  K  M  Z  U  F  I  A  A  K
A  H  Y  Y  S  W  Ø  Q  N  F  A  R  H  R  S
R  M  A  J  Æ  H  F  Y  E  C  I  B  D  Y  F
B  Y  V  L  V  E  L  E  K  T  R  O  N  Z  X
```

SYRE	BRINT
ALKALISK	ION
ATOMAR	VÆSKE
VARME	MOLEKYLE
KULSTOF	ØKOLOGISK
KATALYSATOR	ILT
KLOR	VÆGT
ELEKTRON	SALT
ENZYM	TEMPERATUR
GAS	

52 - Api

```
Q  B  N  H  C  H  Y  R  V  M  X  B  R  W  S
B  L  E  P  O  X  K  T  R  S  Q  N  X  Ø  T
H  O  Y  L  W  N  Q  A  O  V  X  H  U  U  G
R  M  P  A  B  J  N  T  C  Æ  F  P  H  I  I
F  S  L  N  X  I  E  I  U  R  H  I  V  E  L
V  T  H  T  F  N  L  B  N  M  B  K  G  V  N
X  I  I  E  Z  S  L  A  V  G  L  O  S  A  V
R  Q  N  R  K  E  O  H  O  N  O  I  Y  H  A
R  S  M  G  S  K  P  K  K  I  M  F  J  H  G
K  E  L  X  E  T  Z  Z  S  N  S  C  O  Z  U
O  E  E  J  P  R  N  Y  N  N  T  G  U  R  F
Ø  K  O  S  Y  S  T  E  M  O  E  A  N  X  P
S  M  D  Q  Y  K  A  Z  T  R  R  A  Z  G  J
M  W  E  R  Q  X  V  H  T  D  A  M  M  Q  F
M  A  N  G  F  O  L  D  I  G  H  E  D  J  E
```

VINGER	RØG
HIVE	HAVE
GAVNLIG	HABITAT
VOKS	INSEKT
MAD	HONNING
MANGFOLDIGHED	PLANTER
ØKOSYSTEM	POLLEN
BLOMSTER	DRONNING
BLOMST	SVÆRM
FRUGT	SOL

53 - Conservazione

```
M  I  L  J  Ø  M  Æ  S  S  I  G  V  N  J  F
B  E  K  Y  M  R  I  N  G  U  I  A  A  A  R
N  K  M  H  M  F  E  Q  N  I  A  N  T  S  I
G  J  L  D  Z  G  R  Ø  N  G  L  D  U  U  V
Ø  N  D  I  G  E  R  E  C  U  D  E  R  N  I
K  P  I  B  M  J  B  F  P  I  G  Q  L  D  L
O  E  J  N  G  A  U  D  W  F  D  H  I  H  L
L  S  V  M  E  T  S  Y  S  O  K  Ø  G  E  I
O  T  C  F  N  R  P  Z  F  S  K  M  T  D  G
G  I  Y  L  B  O  U  V  C  T  X  R  A  R  W
I  C  K  G  R  B  Æ  R  E  D  Y  G  T  I  G
S  I  L  U  U  A  T  R  O  R  A  V  I  K  N
K  D  U  Q  G  G  G  N  S  F  D  E  B  P  P
T  J  S  R  E  G  N  I  R  D  N  Æ  A  Z  X
U  D  D  A  N  N  E  L  S  E  L  G  H  K  Y
```

VAND
MILJØMÆSSIG
ÆNDRINGER
CYKLUS
KLIMA
ØKOSYSTEM
UDDANNELSE
HABITAT
FORURENING
NATURLIG

ØKOLOGISK
PESTICID
BEKYMRING
GENBRUGE
REDUCERE
SUNDHED
BÆREDYGTIG
GRØN
FRIVILLIG

54 - Strumenti Musicali

```
C T S H L D J H B A S U N V M
O O X B K K Q J A O F Y O U Z
L U T S D T H D K R E V A L K
M A R I M B A V T E P M O R T
T K E M G B K D S C B E O B N
O A M F O A K I N O M R A H O
G E M U N N I L O D N A M C I
A R O B G J S A X O F O N E S
F C R Y U O Q P T W Y S I L S
P M T H I R A T I U G Q L L U
F L Ø J T E I B D Z V K O O K
U E B B F O W N G I H Z I T R
I S I E D M L V W D J H V X E
K L A R I N E T U Y Q L X J P
J S D R F U F E V N J Y P L C
```

HARMONIKA
HARPE
BANJO
GUITAR
KLARINET
FAGOT
FLØJTE
GONG
MANDOLIN
MARIMBA

OBO
PERKUSSION
KLAVER
SAXOFON
TAMBURIN
TROMME
TROMPET
BASUN
VIOLIN
CELLO

55 - Professioni #2

```
B  G  R  R  O  T  A  R  T  S  U  L  L  I  F
I  A  A  M  V  N  A  H  Z  S  N  S  F  C  O
B  R  E  L  A  M  B  N  H  G  R  E  C  E  T
L  T  D  H  L  W  P  U  D  O  E  G  Æ  L  O
I  N  T  G  R  U  R  I  K  L  R  D  J  V  G
O  E  S  O  G  P  D  C  L  O  Æ  L  W  A  R
T  R  I  L  O  H  L  R  X  O  L  G  Z  D  A
E  B  V  O  X  F  F  K  N  Z  T  E  E  B  F
K  L  G  I  T  S  I  L  A  N  R  U  O  J  X
A  H  N  B  L  G  Y  L  F  O  R  S  K  E  R
R  Ø  I  N  E  G  N  I  O  A  L  I  B  H  S
A  W  L  I  G  M  O  S  S  S  H  V  X  U  N
A  S  T  R  O  N  A  U  T  C  O  A  U  O  N
J  V  H  D  O  R  R  E  D  N  I  F  P  O  K
I  N  V  E  S  T  I  G  A  T  O  R  L  E  V
```

ASTRONAUT	INGENIØR
BIBLIOTEKAR	LÆRER
BIOLOG	OPFINDER
KIRURG	INVESTIGATOR
TANDLÆGE	LINGVIST
FILOSOF	LÆGE
FOTOGRAF	PILOT
GARTNER	MALER
JOURNALIST	FORSKER
ILLUSTRATOR	ZOOLOG

56 - Letteratura

```
G A I D Q D S M R H X N B D U
O E N K S I T E O P F I M X C
L S N E A G I N H J H O T D B
A Y U R K T L I F A R G O I B
I L E B E D V N K Q F D F K F
D A L K M N O G G Z Q M Z O O
F N A A T Y U T R O M A N N R
Q A R T Y T Z R E B T Y D K F
P F X I R E U J I M A O Z L A
G N I N G I L N E M M A S U T
B E S K R I V E L S E M W S T
H A N A L O G I E D T X K I E
M E T A F O R F G D V K D O R
X W M C T R A G E D I E K N W
Z Q G O I O O S U B D C P C K
```

ANALYSE

ANALOGI

ANEKDOTE

FORFATTER

BIOGRAFI

KONKLUSION

SAMMENLIGNING

BESKRIVELSE

DIALOG

GENRE

METAFOR

MENING

DIGT

POETISK

RIM

RYTME

ROMAN

STIL

TEMA

TRAGEDIE

57 - Cibo #2

```
O  K  S  I  F  J  N  G  Y  H  M  X  M  J  K
S  I  X  Y  O  E  J  I  P  V  A  X  C  W  I
T  R  P  G  K  Æ  K  S  K  I  N  K  E  S  W
N  S  G  L  J  J  G  E  I  W  A  I  D  V  I
I  E  Æ  B  L  E  X  S  P  S  N  A  E  A  I
Z  B  R  I  S  Z  M  R  E  Y  A  Q  V  M  K
F  Æ  E  T  A  X  O  D  S  L  B  J  H  P  G
K  R  D  B  R  Ø  D  W  P  U  L  T  X  E  S
A  Y  A  B  B  U  K  T  F  M  W  E  L  A  O
P  K  L  A  W  E  I  O  P  Y  S  B  R  Y  R
L  G  O  L  G  J  X  M  W  O  Q  C  J  I  N
M  O  K  I  I  I  W  A  D  R  U  E  A  U  K
C  O  O  O  E  N  B  T  R  U  H  G  O  Y  G
W  T  H  E  N  I  G  R  E  B  U  A  B  U  K
B  Q  C  B  R  O  C  C  O  L  I  E  C  A  G
```

BANAN	BRØD
BROCCOLI	FISK
KIRSEBÆR	KYLLING
CHOKOLADE	TOMAT
OST	SKINKE
SVAMP	RIS
HVEDE	SELLERI
KIWI	ÆG
ÆBLE	DRUE
AUBERGINE	YOGHURT

58 - Nutrizione

```
A S D I X S Y U K L N K L L K
O S U G F V H C A Z E R X K U
I U G N I R Æ G L S N Y E V L
V N I P D E K W O D Q D X I H
Æ D L L Q H R Y R T J D M T Y
G Q E Y J L E S I P Y E P A D
T V S X Y J T D E K F R L M R
M N I S K O T F R Q W I T I A
U L P T E T I L A V K E I N T
E F S J B X B O O T H R T O E
K U A F B A L A N C E R E T R
F O R D Ø J E L S E Z A P S G
S A U C E I V Æ S K E R P O G
N Æ R I N G S S T O F S A K E
D Q V P C C P R O T E I N E R
```

BITTER	NÆRINGSSTOF
APPETIT	VÆGT
AFBALANCERET	PROTEINER
KALORIER	KVALITET
KULHYDRATER	SAUCE
SPISELIG	SUNDHED
KOST	SUND
FORDØJELSE	KRYDDERIER
GÆRING	TOKSIN
VÆSKER	VITAMIN

59 - Matematica

```
T  N  A  K  E  R  T  S  V  Q  P  S  W  N  F
R  G  R  L  U  E  T  L  U  M  A  F  V  W  I
D  J  I  E  H  K  D  I  X  M  R  Æ  S  Q  R
V  K  T  L  G  T  I  G  X  V  A  R  Y  Z  K
V  Z  M  L  I  A  V  N  U  I  L  E  M  I  A
J  R  E  A  R  N  I  I  T  N  L  B  M  D  N
Q  A  T  R  G  S  N  W  K  E  S  E  E  T
R  D  I  A  E  E  I  G  X  L  L  B  T  K  K
E  I  K  P  M  L  O  Q  I  E  O  Y  R  S  J
T  U  S  T  O  M  N  F  B  R  G  L  I  P  V
E  S  E  M  E  L  K  B  R  E  R  C  F  O  E
M  U  P  W  G  W  Y  E  Ø  C  A  O  M  N  T
A  F  G  E  R  L  K  G  K  R  M  Z  U  E  P
I  O  M  K  R  E  D  S  O  P  X  U  B  N  S
D  E  C  I  M  A  L  M  F  N  Q  G  K  T  A
```

VINKLER
ARITMETIK
OMKREDS
DECIMAL
DIAMETER
DIVISION
LIGNING
EKSPONENT
BRØK
GEOMETRI

PARALLEL
PARALLELOGRAM
POLYGON
FIRKANT
RADIUS
REKTANGEL
SFÆRE
SYMMETRI
SUM
TREKANT

60 - Meditazione

```
O V O F V W D Z D N I S R I L
B E T H R J F Ø L E L S E R D
S J O B Q E D Y E K H N K H R
E R U T A N D M V K J R N Q A
R T P E C C A I T Y J B A S G
V R P V A N E R G L H V T L J
A Æ W E S L E L Ø F D E M V K
T K F H R S R A E L B S X E I
I N Z Q H S U T C W F T B N S
O I H K Y F P N H K H I Y L U
N N A Z G Q M E T M D L E I M
D G I L O R C M K O U H A G C
B E V Æ G E L S E T L E H H Y
Z I B M R B W J Q G I D P E T
H D A O R C E O S Y F V W D S
```

VANER
ACCEPT
ROLIG
KLARHED
MEDFØLELSE
FØLELSER
LYKKE
VENLIGHED
MENTAL
SIND

BEVÆGELSE
MUSIK
NATUR
OBSERVATION
FRED
TANKER
PERSPEKTIV
VEJRTRÆKNING
STILHED

61 - Antiquariato

```
D Z F L C A Y C T P D V L K U
K E G A M M E L I K X Æ M V S
K T K S I V O R L S R R S A Æ
N B K O U M I W S I K D S L D
B H I F R Q G M T T L I C I V
D J V B E A N N A N F R W T A
V B Y I D B T O N E A C I E N
M Ø B L E R S I D T Z G R T L
N E Z V R U N T V U E D E T I
N H K G D T U K P A N V L L G
R V I X N P K U D R D Z L I E
J G J M U L R A P M I W A T P
E R W C H U V C J R T S G S G
J G N B R K M Ø N T E R F W E
M S W D Å S Å R T I E R W F I
```

KUNST
AUKTION
AUTENTISK
TILSTAND
ÅRTIER
DEKORATIV
ELEGANT
GALLERI
USÆDVANLIG

MØBLER
MØNTER
PRIS
KVALITET
SKULPTUR
ÅRHUNDREDE
STIL
VÆRDI
GAMMEL

62 - Escursionismo

```
M  T  P  F  P  Q  X  F  Y  A  A  M  I  L  K
Y  G  O  Z  F  Q  E  S  R  V  U  Y  B  X  O
G  W  A  F  V  S  U  H  T  R  E  R  A  F  R
R  B  U  P  X  L  T  J  N  E  G  H  M  Q  T
T  E  N  L  J  P  G  Q  I  L  N  S  O  L  Z
O  M  Y  S  J  T  K  M  L  V  I  C  I  M  A
P  V  N  T  T  G  P  L  K  Ø  P  G  T  Z  U
M  D  W  X  Q  F  P  E  T  T  M  C  J  V  M
Ø  F  H  B  Q  Z  B  M  Æ  S  A  D  N  A  V
D  F  T  U  N  G  D  Y  R  G  C  L  W  G  R
E  I  S  G  N  I  R  E  T  N  E  I  R  O  I
N  A  T  U  R  C  C  E  G  J  W  V  Y  A  H
P  A  R  K  E  R  P  S  J  X  E  R  W  A  Q
F  Y  Q  O  F  R  H  G  W  B  I  H  D  Y  T
D  F  O  R  B  E  R  E  D  E  L  S  E  O  P
```

VAND	TUNG
DYR	STEN
CAMPING	FORBEREDELSE
KLIMA	KLINT
KORT	VILD
BJERG	SOL
NATUR	TRÆT
ORIENTERING	STØVLER
PARKER	TOPMØDE
FARER	MYG

63 - Professioni #1

```
D H G B B A M B A S S A D Ø R
A B W O A K A R T O G R A F H
N P R E N Æ R T D Y R L Æ G E
S R Ø T K A D E R E K I S U M
E E R Q M O N O R T S A S D I
R G E O A P N K A D V O K A T
P Æ U J N I M L M E T B L F K
G J V Z D A Z G A M Q S A A U
O E N Q X N C F C S W R Y R N
L R O Y V I F E Z D G T U M S
O G S L Y S Y I F L A P S A T
K D N A O T X L W U I Y X C N
Y H U O S G J X Y G Y C H E E
S Y G E P L E J E R S K E U R
P K W A D P C S Ø M A N D T H
```

TRÆNER
AMBASSADØR
KUNSTNER
ASTRONOM
ADVOKAT
DANSER
BANKMAND
JÆGER
KARTOGRAF
REDAKTØR

FARMACEUT
GEOLOG
GULDSMED
SYGEPLEJERSKE
SØMAND
MUSIKER
PIANIST
PSYKOLOG
DYRLÆGE

64 - Antartide

```
M X H I P Y S Y G B V K E K U
O I T W S L T P E E I O K R D
W D N A V G E A O V M N D W F
A L W E O I N T G A I T E C O
L E Q G R S E J R R G I Q J R
S H H N D A T H A E R N P W S
R Ø J L I M L W F L A E Z B K
H V A L E R B E I S T N Ø L N
C L C Z W E P B R E I T D F I
I A B X T Y K U A Y O I X O N
K H I Q R K R G D Z N D A R G
D A L K E S A T U G D L N S Z
V I D E N S K A B E L I G K W
T E M P E R A T U R R G N E F
E K S P E D I T I O N X F R G
```

VAND	MIGRATION
MILJØ	MINERALER
BUGT	SKYER
HVALER	HALVØ
BEVARELSE	FORSKER
KONTINENT	STENET
UDFORSKNING	VIDENSKABELIG
GEOGRAFI	EKSPEDITION
IS	TEMPERATUR
ØER	

65 - Libri

```
X X Z H U M O R I S T I S K C
H U E T K M K S I G A R T O M
K O N T E K S T H P S Q E F B
R H H O P F I N D S O M T H O
O I I S E O P J S A M L I N G
M S S U G M E I R E S Y L R L
A T T F P J D E K K T S A E Æ
N O O G O R I J A M G S U L S
T R R V L R S S H O R K D E E
T I I T J Y T B E L O R O V R
U E S K R L R Æ I T W I K A W
E E K X K L S F L V S V P N T
F O R F A T T E R L V E P T L
Y J E V E N T Y R C E T W G N
L I T T E R Æ R X R U R B L L
```

FORFATTER
EVENTYR
SAMLING
KONTEKST
DUALITET
EPISK
OPFINDSOM
LITTERÆR
LÆSER
FORTÆLLER

SIDE
POESI
RELEVANT
ROMAN
SKRIVET
SERIE
HISTORIE
HISTORISK
TRAGISK
HUMORISTISK

66 - Geografia

```
B  H  T  D  S  Y  D  N  A  L  W  G  E  U  K
W  R  Ø  T  C  D  R  R  O  F  E  W  X  Q  C
X  O  E  J  E  O  K  M  T  F  L  O  D  G  K
K  L  B  D  D  R  O  N  U  H  G  R  E  J  B
T  E  F  E  D  E  R  A  M  F  U  T  A  M  E
L  S  T  S  U  E  T  S  E  V  K  S  S  Z  N
X  T  S  Q  X  U  G  J  P  Y  V  A  H  J  W
P  R  H  K  N  E  V  R  N  I  L  L  N  W  S
L  Æ  N  G  D  E  E  M  A  I  A  T  Y  R  A
R  T  B  J  A  Y  R  C  I  D  H  A  D  J  M
Q  E  Y  N  D  M  D  J  D  R  M  W  O  N  K
Z  O  G  V  D  O  E  N  I  B  V  W  U  S  W
J  R  X  I  J  A  N  M  R  W  H  R  L  I  S
B  Y  Q  R  O  Z  T  N  E  N  I  T  N  O  K
B  F  S  O  U  N  D  C  M  Q  E  M  H  F  P
```

HØJDE	HAV
ATLAS	MERIDIAN
BY	VERDEN
KONTINENT	BJERG
HALVKUGLE	NORD
FLOD	VEST
BREDDEGRAD	LAND
LÆNGDE	REGION
KORT	SYD

67 - Cibo #1

```
M L P S U D O Q K L Æ M K T K
P A K I X T M Y I A D K A U U
T H J U C A P J E P N J G N R
Z Q N R Æ B D R O J G E E F V
E K Y D O R E L U G Ø M L T Y
U P R K V E B A S I L I K U M
Z A I G P D F B U X D T D H Y
S F N Q I E D D T L I T B O J
C I T R O N M J R Y V Z I O V
V M A S P I N A T T H G P B U
P I L D N H S E G R E K K U S
G P A Y B R K S A F T L A S Q
D M S L U Q G Ø T G N M S L P
P Æ R E K N R T D G Y B U Ø J
Q X J U H S P M V T M P K G H
```

HVIDLØG	MYNTE
BASILIKUM	BYG
KANEL	PÆRE
KØD	MAJROE
GULEROD	SALT
LØG	SPINAT
JORDBÆR	SAFT
SALAT	TUN
MÆLK	KAGE
CITRON	SUKKER

68 - Aeroplani

```
H B C P H C A O P V I K P Z N
E I R S A L G N I D N A L K A
V K S I Q S N E L U B R U T V
E O Q T N E S K O M K J Y D I
N N E F O T G A T Z E M Q K G
T S Z U L R N E G H Ø J D E E
Y T A L V G I K L E M M I H R
R R T P O E N E A T R T D M E
Z U M Y I J M F A Z F M A O T
C K O O B B A K S D N A M T K
O T S M A M T U H M K T B O O
G I F E L W S F V W K V W R V
Q O Æ J L K F O T S D N Æ R B
C N R L O C A D E S I G N Z R
B L E G N I N T E R T Z L A S
```

HØJDE

LUFT

ATMOSFÆRE

LANDING

EVENTYR

BRÆNDSTOF

HIMMEL

KONSTRUKTION

DESIGN

RETNING

AFSTAMNING

MANDSKAB

BRINT

MOTOR

NAVIGERE

BALLON

PASSAGER

PILOT

HISTORIE

TURBULENS

69 - Governo

```
R Y N A T I O N V Y N R M N N
H Z S N W D F J K P Q M F J T
A U D E H G I D R Æ F T E R C
R E T L I G C S J C U I S E L
Q G F R I H E D K A H O T D A
T N E M U N O M T U L P A E N
C I T A R K O M E D S O T L O
C N C I V I L R X I N S V A I
T T K I R T S I D K S H I J T
B A K S R E G R O B Y N B O A
H F X T H F O O I A M T V F N
T R L I G H E D F N B T K S Q
P O L I T I K E H N O Y A K R
G F H P T Q O U D P L S P L C
U A F H Æ N G I G H E D U D E
```

LEDER
BORGERSKAB
CIVIL
FORFATNING
DEMOKRATI
TALE
DISKUSSION
RETLIG
RETFÆRDIGHED
UAFHÆNGIGHED

LOV
FRIHED
MONUMENT
NATIONAL
NATION
POLITIK
DISTRIKT
SYMBOL
STAT
LIGHED

70 - Colori

```
C  I  O  B  S  S  U  A  Z  U  R  X  Z  P  D
Å  R  G  H  O  E  G  F  N  B  K  S  M  L  W
L  C  I  K  R  P  P  U  C  R  R  G  W  B  G
Q  K  D  M  T  I  W  C  H  V  I  D  Ø  R  B
A  B  N  Q  S  A  J  H  O  R  A  N  G  E  E
L  S  I  N  L  O  F  S  J  C  B  L  Å  Y  I
G  F  W  Q  W  K  N  I  P  I  Y  G  U  L  G
M  A  G  E  N  T  A  A  H  V  J  A  G  Q  E
W  L  G  H  J  C  G  X  M  Z  F  G  N  R  P
A  L  I  Y  L  K  L  A  B  N  D  Y  Y  H  D
W  I  S  Q  O  N  S  I  B  B  D  E  Z  P  Z
O  L  P  O  E  W  I  L  Q  R  Y  M  X  I  K
G  E  F  X  B  X  U  X  Q  O  U  A  Y  K  Q
E  G  R  Ø  N  P  L  L  J  J  B  N  C  N  F
M  X  B  Y  L  I  C  K  L  M  V  Q  T  L  S
```

ORANGE	INDIGO
AZUR	MAGENTA
BEIGE	BRUN
HVID	SORT
BLÅ	PINK
CYAN	RØD
CRIMSON	SEPIA
FUCHSIA	GRØN
GUL	LILLA
GRÅ	

71 - Bellezza

```
K  S  G  L  A  T  S  M  L  K  N  H  X  W  C
X  O  P  I  K  G  V  A  Æ  V  V  R  W  I  T
E  X  S  E  S  M  Y  S  B  P  H  W  O  N  R
O  M  K  M  J  Y  E  C  E  V  R  A  F  N  K
F  Y  A  O  E  L  T  A  S  Q  R  F  I  R  K
Y  L  S  L  Y  T  N  R  T  N  A  G  E  L  E
T  S  T  E  R  J  I  A  I  N  Å  D  E  M  C
S  H  A  M  P  O  O  K  F  K  A  Q  C  Q  R
I  K  N  O  S  Z  Y  I  T  F  U  D  H  U  D
L  Y  R  F  O  T  O  G  E  N  V  N  W  P  M
Y  R  E  Ø  P  R  O  D  U  K  T  E  R  U  W
T  I  I  N  L  M  E  L  E  G  A  N  C  E  B
S  P  L  T  S  L  C  H  A  R  M  E  K  K  E
E  L  O  U  B  O  E  N  O  J  V  B  S  A  V
O  J  H  X  U  D  W  R  E  V  T  Q  A  M  J
```

FARVE	MASCARA
KOSMETIK	OLIER
ELEGANT	HUD
ELEGANCE	PRODUKTER
CHARME	KRØLLER
SAKS	LÆBESTIFT
FOTOGEN	SHAMPOO
DUFT	SPEJL
NÅDE	STYLIST
GLAT	MAKEUP

72 - Avventura

```
R  G  R  E  D  U  Y  H  P  P  L  R  M  A  E
E  M  I  E  Z  E  D  Æ  L  G  X  E  U  K  N
G  L  G  X  J  H  S  F  S  W  E  J  L  T  T
N  A  T  U  R  S  D  T  L  D  P  S  I  I  U
I  U  Q  Q  E  B  E  Y  I  U  U  E  G  V  S
R  E  L  T  N  U  H  P  Z  N  G  R  H  I  I
D  B  D  S  N  D  G  M  L  D  A  T  E  T  A
R  G  E  C  E  E  I  H  Z  A  W  T  D  E  S
O  D  H  A  V  H  L  H  M  R  N  K  I  T  M
F  O  R  B  E  R  E  D  E  L  S  E  O  O  E
D  N  E  N  Y  E  K  S  K  Ø  N  H  E  D  N
U  U  K  V  A  P  S  M  M  U  M  D  M  V  B
S  T  K  W  V  P  N  P  W  E  K  I  N  T  P
H  M  I  D  U  A  A  U  G  L  E  O  A  Y  X
Z  U  S  L  N  T  V  F  A  R  L  I  G  U  W
```

VENNER	REJSEPLAN
AKTIVITET	NATUR
SKØNHED	NY
TAPPERHED	MULIGHED
DESTINATION	FARLIG
VANSKELIGHED	FORBEREDELSE
ENTUSIASME	UDFORDRINGER
UDFLUGT	SIKKERHED
GLÆDE	REJSER

73 - Forme

```
O N F E L L I P S E U P H V T
M T I L Q E O V A L F O Y U L
N E R G Z V K S I D E L P I D
G R K E G R R R H M B Y E X V
D N A K U U D E I O U G R I I
F I N P L K X Q K C E O B L C
F N T H J Ø R N E T M N O Q M
F G T N A K E R T L A F L H B
P Y R A M I D E K J B N A V U
D D G N T X N J A D T W G Y K
A Z S J S Z I Z N J J B D E E
H T Q F L C L B T Y K X S N L
L T Z M Æ O Y A E P R I S M E
L I N J E R C Q R O D P T C S
J Q Q O U W E R T W M Z C E E
```

HJØRNE	SIDE
BUE	LINJE
KANTER	OVAL
CIRKEL	PYRAMIDE
CYLINDER	POLYGON
KEGLE	PRISME
TERNING	FIRKANT
KURVE	REKTANGEL
ELLIPSE	SFÆRE
HYPERBOLA	TREKANT

74 - Oceano

```
B  P  S  U  Ø  L  T  L  W  S  L  X  N  V  A
L  S  N  K  O  S  Y  S  K  T  R  X  M  A  J
Æ  T  H  J  I  T  T  W  J  O  R  E  V  N  J
K  U  V  L  W  L  Å  E  O  R  K  L  S  D  D
S  J  A  H  I  A  D  W  R  M  Y  E  M  M  U
P  B  L  J  M  S  Å  P  H  S  C  O  E  A  B
R  Y  Ø  P  R  L  B  V  A  U  J  L  I  N  F
U  U  Z  L  A  R  O  K  N  D  Y  N  B  D  T
T  M  N  W  G  Y  F  Y  J  Y  D  I  F  K  S
T  R  L  S  H  E  B  B  A  R  K  E  I  E  H
E  K  Z  V  M  J  R  D  I  X  X  Y  S  Q  A
G  K  C  A  Z  E  D  E  L  F  I  N  K  Z  N
F  N  Z  M  G  R  T  I  D  E  V  A  N  D  C
X  E  D  P  O  U  K  J  I  V  H  T  U  S  H
P  X  T  I  W  G  D  I  Z  S  G  L  T  F  E
```

ÅL	ØSTERS
HVAL	FISK
BÅD	BLÆKSPRUTTE
KORAL	SALT
DELFIN	REV
REJE	SVAMP
KRABBE	HAJ
TIDEVAND	SKILDPADDE
VANDMAND	STORM
BØLGER	TUN

75 - Famiglia

```
F D Z Y A T J K X U J F C I S
S R A F E T S D E B K M L A G
F V W T M Ø D R E S F O Z X H
O N Z T T F M O R A D N A M
R O R B R E T T Æ F D N R E H
F X O E U L R P J E E R J T D
A A M N H X O X C N R A B N B
D R E T S Ø S R H C L B Y A V
E Q T B Ø R N B D J I R H T T
R W S L V H R P Y N G H H E Y
G M D X E I L R A O H J R L I
V L E K N O L B P T I F F M O
L S B G Q K D Z H O V E A L X
T V I L L I N G E R S P O R K
K J J W N D W P C B I A N N L
```

FORFADER	MØDRES
BØRN	KONE
BARN	NEVØ
FÆTTER	BEDSTEMOR
DATTER	BEDSTEFAR
BROR	FAR
TVILLINGER	FADERLIG
BARNDOM	SØSTER
MOR	TANTE
MAND	ONKEL

76 - Creatività

```
Q P K K S I T A M A R D S Z U
A S L J O E N K L K E D P P D
R W A U P Q N L V L N B O F T
K Y R T D N I S L L O D N Y R
E M H I D E E R A X I T T D Y
T N E T L C Z O N T S F A E K
G I D E H T G Æ X E I B N H E
F A N T A S I I A T V O S G B
M F M I V N O I T I U T N I I
Q A G D L E J M N S K X D D L
O P F I N D S O M N T E D R L
Z I B U E A K Z M E C A U Æ E
R E S L E L Ø F W T G D L F D
Z D F F A J V T Z N A A C R E
A S D N O I T A R I P S N I L
```

FÆRDIGHED	BILLEDE
ÆGTHED	INDTRYK
KLARHED	INTENSITET
DRAMATISK	INTUITION
FØLELSER	OPFINDSOM
UDTRYK	INSPIRATION
FLUIDITET	SENSATION
IDEER	SPONTAN
FANTASI	VISIONER

77 - Veicoli

```
R H C U Y N F O D L S U H A M
X A W A U B U J I A H B E M T
G T K O M E Q E M S U Å L B A
F O Æ E C P Z C K T T D I U X
J Æ D H T L I B M B T Å K L A
L R R V Y H O N P I L B O A K
N R O G R N F M G L E L P N C
Y J T Y E X L K T V Z V T C V
K A O V T K Y F G P O B E E U
U F M N O N H W C G K G R A N
O T O G O S Q B H G C C N R E
B N N R C C T U M J Y O L A O
B U S F S H K Q R E K X F L A
Q U R T R A K T O R E D T D S
V V Q H T G E Q I N L V Z J P
```

FLY
AMBULANCE
BIL
BUS
BÅD
CYKEL
LASTBIL
CAMPINGVOGN
HELIKOPTER
MOTOR

SHUTTLE
DÆK
RAKET
SCOOTER
UBÅD
TAXA
FÆRGE
TRAKTOR
TOG

78 - Emozioni

```
L V J V N A S X F G Y R O N T
Y E D E R V C P R R L J X C I
K N S Y M P A T I Ø E Æ N A L
S L U V I A Y Q L M V D D T F
A I Z M U X T W H H F L E E R
L G I L O R U Y O E V O H P E
I H P P Y Y L J S D I H G P D
G E H F Q B O L D Q G D I A S
H D J U U D E T C K W N L L M
E M Y Y Q F E I L E R I R S K
D S O R G L H E J F R P Æ F M
G D E H M O S D E K R T K A N
D B P G I V T H R F E Y T K Z
O V E R R A S K E L S E G L I
C S U G I L E M M E N K A T L
```

KÆRLIGHED
LYKSALIGHED
ROLIG
INDHOLD
VENLIGHED
GLÆDE
TAKNEMMELIG
FLOV
KEDSOMHED
FRED

FRYGT
VREDE
AFSLAPPET
RELIEF
SYMPATI
TILFREDS
OVERRASKELSE
ØMHED
RO
SORG

79 - Balletto

```
G I N T E N S I T E T N O M Y
E R E S N A D Z P H E S R O N
N T E K N I K J R P R D K U D
E O C M S T I L A B L U E D E
R D W K U R E L K S U M S T F
A E T H I S O N S T A S T R U
L H T U J V I N I M D C E Y L
P G E S T U S K S U M M R K D
R I K S I R E N T S N U K S U
Ø D D O N N R S P K Q K P F N
V R N P F K O Y L X L I A U J
E Æ M F Q Y H P T B U L K L D
W F B I F A L D M M I B W D H
B A L L E R I N A O E U H E G
K O R E O G R A F I K P X M C
```

FÆRDIGHED	INTENSITET
BIFALD	MUSKLER
KUNSTNERISK	MUSIK
BALLERINA	ORKESTER
DANSERE	PRAKSIS
KOMPONIST	GENERALPRØVE
KOREOGRAFI	PUBLIKUM
UDTRYKSFULDE	RYTME
GESTUS	STIL
YNDEFULD	TEKNIK

80 - Paesi #1

```
B L W D C U V S C U N T W X Y
T R Z A S U H Q E O H H Z J C
Y S A J D O B M A C K N E T K
S E L S X N V E N E Z U E L A
K Z A I I E U O L O S H M G E
L G N K W L E A R S I I R A K
A I U T Q O I E G Y P T E N D
N E I N A P S E S E N E G A L
D A M T Q W V R N G M V A V Z
N E Y B I L B P V R A T T I D
A L J I S W Q A A O L B M E K
L V J C A N A D A N I P C T W
N M A R O K K O C T A O N N Q
I O I N D I E N A X O M H A P
F G R N R U M Æ N I E N A M O
```

BRASILIEN　　　　　MALI
CAMBODJA　　　　　MAROKKO
CANADA　　　　　　NORGE
EGYPTEN　　　　　　PANAMA
FINLAND　　　　　　POLEN
TYSKLAND　　　　　RUMÆNIEN
INDIEN　　　　　　　SENEGAL
IRAK　　　　　　　　SPANIEN
ISRAEL　　　　　　　VENEZUELA
LIBYEN　　　　　　　VIETNAM

81 - Geometria

```
M  S  V  K  E  D  A  L  F  R  E  V  O  P  D
N  E  V  S  Y  Q  I  K  I  L  L  L  S  A  I
H  D  D  W  Y  G  R  M  T  E  P  N  J  R  A
L  J  H  I  T  H  O  L  E  K  R  I  C  A  M
I  Ø  L  C  A  C  E  Q  R  N  Y  A  I  L  E
G  H  O  R  Q  N  T  X  D  I  S  Z  L  L  T
N  A  G  S  W  X  X  A  N  V  W  I  F  E  E
I  N  I  E  Y  S  F  W  A  M  S  B  O  L  R
N  D  K  G  H  P  W  E  V  R  U  K  F  N  I
G  E  L  M  S  Y  M  M  E  T  R  I  O  A  F
H  L  O  E  B  U  B  E  R  E  G  N  I  N  G
I  C  D  N  J  Y  O  F  N  U  M  M  E  R  E
U  J  R  T  T  R  E  K  A  N  T  Q  H  I  Z
G  P  E  U  Q  Q  H  H  W  J  C  P  B  I  X
O  T  T  Q  K  D  V  T  X  O  X  W  Y  A  O
```

HØJDE	NUMMER
VINKEL	VANDRET
BEREGNING	PARALLEL
CIRKEL	ANDEL
KURVE	SEGMENT
DIAMETER	SYMMETRI
DIMENSION	OVERFLADE
LIGNING	TEORI
LOGIK	TREKANT
MEDIAN	LODRET

82 - Edifici

```
K D J O J I F Y N P D W K M H
D E K A O J K L H R Y H A U O
B K P E A E C W S L Å O B I S
F R V N T O L S U O Q T I R T
A A E Q M W A R Z A C E N O E
R M S X S U D W T F T L E T L
G R B Z F G E J C H H A D A C
O E C A X B S S T E A T E R R
I P V S S K V I U V V I H O U
B U I K U S Y O L M J P G B R
S S N O I D A T S I H S I A L
K I B L A Z C D H I P O L L C
B W K E M Q H X E V N H J J G
U M R V F A B R I K U L E T D
U N I V E R S I T E T K L Q I
```

AMBASSADE
LEJLIGHED
KABINE
SLOT
BIOGRAF
FABRIK
LADE
HOTEL
LABORATORIUM
MUSEUM

HOSPITAL
HOSTEL
SKOLE
STADION
SUPERMARKED
TEATER
TELT
TÅRN
UNIVERSITET

83 - Malattia

```
A  L  L  E  R  G  I  E  R  L  C  X  D  U  C
G  A  K  U  T  C  L  A  N  O  M  L  U  P  F
T  E  T  R  E  J  H  R  S  K  O  Y  Q  R  M
E  J  N  L  Q  G  A  V  S  Y  N  D  R  O  M
R  E  X  E  L  M  F  E  E  R  W  I  O  K  O
A  V  H  S  T  T  O  L  N  I  Z  V  E  H  S
P  T  K  P  B  I  V  I  L  G  G  M  B  E  T
I  F  W  C  Z  V  S  G  L  G  W  V  O  I  I
S  U  N  D  H  E  D  K  E  Z  G  Y  L  I  M
I  L  R  P  B  V  X  Q  W  U  L  J  Z  E  S
P  L  U  M  B  A  L  A  N  I  M  O  D  B  A
B  E  T  Æ  N  D  E  L  S  E  C  J  E  Q  P
I  M  M  U  N  I  T  E  T  O  U  I  H  I  P
K  R  O  N  I  S  K  L  E  G  E  M  E  V  T
S  N  Y  C  N  E  U  R  O  P  A  T  I  U  B
```

AKUT	GENETISK
ABDOMINAL	IMMUNITET
ALLERGIER	BETÆNDELSE
WELLNESS	LUMBAL
SMITSOM	NEUROPATI
LEGEME	PULMONAL
KRONISK	LUFTVEJE
HJERTE	SUNDHED
SVAG	SYNDROM
ARVELIG	TERAPI

84 - Paesi #2

```
E P P U L M B F O I K R V M L
T X G K L A O S I P R C F A G
I K T R A I H U D N A L S U R
O D O A P R C W T E M A A R J
P R T I E E F Y M I N R X N M
I I S N N G Z P Q R A W Z K D
E P U E G I E Q B Y D S C T M
N A D P X N D T D S R L L G O
M K A F E I N D O N E S I E N
E I N C G R Æ K E N L A N D U
X S A U I P H A I T I A U O O
I T P M I A O U G A N D A S U
C A A F J Y M U L I B E R I A
O N J N E I N A B L A E N Q R
N Y M W U P P X J D M Q V G J
```

ALBANIEN
DANMARK
ETIOPIEN
JAMAICA
JAPAN
GRÆKENLAND
HAITI
INDONESIEN
IRLAND
LAOS

LIBERIA
MEXICO
NEPAL
NIGERIA
PAKISTAN
RUSLAND
SYRIEN
SUDAN
UKRAINE
UGANDA

85 - Tipi di Capelli

```
N  M  H  G  Q  K  C  K  G  I  J  T  H  T  K
R  O  H  B  O  M  Y  H  B  G  T  O  Z  J  C
G  B  L  P  X  B  C  T  Q  V  K  O  R  T  V
T  P  H  V  M  Z  C  E  R  I  C  D  S  O  R
F  S  T  K  R  J  D  L  Ø  O  J  D  Ø  L  B
L  Q  N  B  R  U  N  L  T  L  S  W  L  D  R
E  Y  W  R  E  K  Y  Ø  E  O  U  F  V  G  E
T  U  S  S  L  M  T  R  V  F  N  L  A  N  G
T  G  Y  M  L  N  E  K  R  R  D  I  V  H  N
E  X  L  J  Ø  E  D  H  A  Z  I  D  M  R  I
T  Z  S  W  R  Y  L  D  F  B  T  Y  L  V  N
Y  G  X  H  K  D  A  Y  J  E  L  X  C  D  T
L  R  F  G  N  H  K  D  A  C  P  O  P  K  E
P  Å  D  H  I  H  S  C  S  O  U  H  N  F  L
V  I  D  S  N  T  Q  G  L  A  T  D  C  D  F
```

SØLV	LANG
TØR	BRUN
HVID	BLØD
BLOND	SORT
KORT	KRØLLET
SKALDET	KRØLLER
FARVET	SUND
GRÅ	TYND
FLETTET	TYK
GLAT	FLETNINGER

86 - Vestiti

```
K  W  Y  I  U  S  H  B  G  J  V  E  K  V  H
P  Y  J  A  M  A  S  A  L  N  A  V  Q  K  A
A  Y  T  T  S  I  R  T  N  U  R  K  R  F  L
I  M  Y  G  U  Z  X  C  I  D  S  C  K  T  S
P  S  R  E  S  K  U  B  M  N  S  E  V  E  K
L  K  A  J  W  J  D  N  D  Å  N  K  R  H  Æ
M  O  X  U  K  O  N  A  B  B  A  F  E  F  D
B  Æ  L  T  E  L  E  X  N  M  E  R  L  R  E
J  E  E  G  T  E  D  O  M  R  J  A  A  E  D
T  P  D  U  R  C  Æ  E  H  A  Z  K  D  T  Æ
U  Y  R  Z  O  H  L  U  Q  Z  I  K  N  A  L
O  T  E  Z  J  T  K  H  A  T  T  E  A  E  K
B  A  D  W  K  L  R  O  F  X  F  D  S  W  R
G  O  E  L  S  T  Ø  U  D  B  Q  J  M  S  O
Q  F  N  J  H  Q  T  M  C  H  T  D  X  O  F
```

KJOLE	FORKLÆDE
ARMBÅND	HANDSKER
BLUSE	JEANS
SKJORTE	SWEATER
HAT	MODE
FRAKKE	BUKSER
BÆLTE	PYJAMAS
HALSKÆDE	SANDALER
JAKKE	SKO
NEDERDEL	TØRKLÆDE

87 - Attività e Tempo Libero

```
D  Y  K  N  I  N  G  Y  B  Y  Y  J  Q  Y  I
M  L  Z  M  E  L  S  A  A  J  Y  D  G  N  E
V  L  S  Z  D  S  U  V  S  K  M  E  T  E  X
N  A  E  S  J  E  R  C  K  T  U  D  F  P  C
L  B  N  A  E  U  F  Z  E  Y  V  N  A  A  Z
W  E  S  D  B  N  I  E  T  M  C  E  S  Y  V
Z  S  V  L  R  R  N  I  B  G  T  P  S  T  O
S  A  Ø  O  A  I  G  F  A  O  L  P  H  T  L
S  B  M  B  E  R  N  O  L  H  G  A  O  E  L
A  R  N  D  V  E  Q  G  L  V  N  L  P  N  E
N  Z  I  O  A  K  G  O  L  F  I  S  P  N  Y
N  N  N  F  H  S  J  K  F  S  P  F  I  I  B
E  E  G  S  A  I  R  E  L  A  M  A  N  S  A
S  Y  K  Y  Z  F  K  R  U  Z  A  V  G  C  L
B  O  K  S  N  I  N  G  J  K  C  M  I  N  L
```

KUNST	SVØMNING
BASEBALL	VOLLEYBALL
BASKETBALL	FISKERI
BOKSNING	MALERI
FODBOLD	AFSLAPPENDE
CAMPING	SHOPPING
VANDRING	SURFING
HAVEARBEJDE	TENNIS
GOLF	REJSE
DYKNING	

88 - Arte

```
V C V E M S I L A E R R U S H
B R I R I D I D M K W U U W U
Q C S D P U U L O S W C I G M
I J U L T E R E R I P S N I Ø
F F E I A M M H B M Q P C L R
Y I L K V N N A W A F O P N W
Q E G S Q E I P L R J E V O X
A K Q U E B W G V E B S Z S D
K X Z T R A D I I K R I O R S
K R F K I K L L R R A I M E Z
P X F J R S M R T M O T E P B
U D T R Y K B Æ M J O S Q R B
M T B C K O M P L E K S H V L
X X T S I M P E L O B M Y S T
J G S K U L P T U R L X Q K Y
```

KERAMISK
KOMPLEKS
SKABE
MALERIER
UDTRYK
FIGUR
INSPIRERET
ÆRLIG
ORIGINAL
PERSONLIG

POESI
SKILDRE
SKULPTUR
SIMPEL
SYMBOL
EMNE
SURREALISME
HUMØR
VISUEL

89 - Meteo

```
T  Z  H  Y  N  P  E  N  E  V  N  L  L  A  T
T  O  Y  V  Q  I  L  P  W  T  M  L  Y  T  Å
Ø  N  R  U  T  A  R  E  P  M  E  T  N  M  G
R  I  S  D  A  V  X  S  M  T  N  S  B  O  E
A  A  Z  W  E  K  U  I  Y  M  R  O  T  S  U
B  U  E  F  Z  N  L  R  A  D  I  T  R  F  B
C  V  O  R  K  A  N  B  W  C  H  H  O  Æ  N
K  H  L  P  R  Z  O  S  K  Y  Q  P  P  R  G
V  L  W  M  Z  L  J  E  V  G  L  U  I  E  E
I  N  I  T  R  S  U  H  P  A  N  D  S  T  R
N  L  Q  M  M  O  N  S  U  N  N  P  K  V  D
D  N  O  D  A  N  R  O  T  T  Ø  R  K  E  F
S  I  K  Q  N  U  Q  L  P  O  L  A  R  P  Q
U  N  B  F  G  L  I  A  Z  X  X  T  Q  G  G
E  P  N  S  M  D  B  Y  Y  T  L  P  V  K  O
```

REGNBUE	SKY
TØR	POLAR
ATMOSFÆRE	TØRKE
BRISE	TEMPERATUR
HIMMEL	STORM
KLIMA	TORNADO
LYN	TROPISK
IS	TORDEN
MONSUN	ORKAN
TÅGE	VIND

90 - Corpo Umano

```
U  S  A  V  X  V  N  X  O  A  G  F  N  S  E
F  E  L  Z  C  U  Æ  N  K  O  D  A  R  L  H
P  E  V  U  W  L  S  L  A  H  A  O  C  Y  A
P  N  Q  L  S  H  E  R  Ø  L  P  J  B  G  G
M  P  G  J  U  J  N  T  L  S  D  C  M  D  E
A  A  F  D  S  E  F  I  N  G  E  R  Ø  W  B
V  L  W  K  U  R  A  N  S  I  G  T  F  J  L
E  B  P  G  M  N  X  J  M  B  V  R  Y  N  E
A  U  P  Q  H  E  E  G  R  X  A  H  E  W  T
D  E  V  O  H  S  U  B  U  N  T  F  W  N  R
L  R  E  D  L  U  K  S  Q  Y  J  T  M  D  E
D  N  P  X  N  Y  D  N  U  M  R  V  S  E  J
L  H  C  D  V  O  O  T  G  N  X  D  N  Å  H
H  T  N  E  T  E  L  E  K  N  A  T  V  R  E
L  Y  V  X  Z  D  B  J  F  X  V  T  L  E  I
```

MUND	HÅND
ANKEL	HAGE
HJERNE	NÆSE
HALS	ØJE
HJERTE	ØRE
FINGER	HUD
ANSIGT	BLOD
BEN	SKULDER
KNÆ	MAVE
ALBUE	HOVED

91 - Mammiferi

```
I  T  N  H  J  W  W  A  M  W  Y  K  H  R  U
F  S  C  K  F  Å  R  Z  H  R  G  O  I  H  U
T  Z  Z  A  A  D  E  L  F  I  N  E  E  F  X
A  U  C  N  R  L  M  X  F  H  Z  C  R  F  S
Z  C  Y  I  I  T  Y  H  F  B  T  A  J  P  C
A  Z  Q  N  G  A  K  E  K  A  T  E  V  Ø  L
K  O  C  V  H  B  D  S  B  Z  M  L  A  V  H
K  V  L  U  N  N  W  T  D  A  V  E  M  L  S
Z  Æ  Y  X  I  X  H  G  L  L  Z  F  U  U  W
T  R  N  Z  G  M  Z  J  B  L  H  A  X  E  V
J  N  N  G  H  U  N  D  O  I  H  N  F  I  P
V  S  E  M  U  I  H  D  K  R  Y  T  J  R  K
T  B  Æ  R  E  R  A  Q  E  O  T  L  I  Æ  M
Z  E  B  R  A  G  U  H  F  G  S  D  W  R  R
B  D  B  W  F  E  S  N  M  U  B  X  G  P  L
```

HVAL	GIRAF
HUND	GORILLA
KÆNGURU	LØVE
HEST	ULV
HJORT	BÆRE
KANIN	FÅR
PRÆRIEULV	ABE
DELFIN	TYR
ELEFANT	RÆV
KAT	ZEBRA

92 - Cucina

```
G  G  A  F  L  E  R  K  O  P  P  E  R  R  W
T  R  W  B  R  N  E  K  Y  M  H  K  E  A  N
F  R  I  M  A  D  S  R  B  A  V  K  L  O  E
I  X  X  L  F  Y  Y  Y  D  V  K  U  Y  V  L
R  A  X  Å  L  T  R  D  W  S  E  R  W  N  X
K  Z  X  K  J  C  F  D  B  Z  D  K  R  J  K
S  E  V  S  H  D  D  E  G  T  N  V  O  X  Ø
P  D  D  A  W  B  K  R  Q  O  I  I  Q  Z  L
O  Æ  V  E  H  Y  P  I  Z  K  P  N  C  K  E
K  L  A  F  L  O  P  E  Q  A  E  H  S  N  S
Q  K  G  Q  B  K  D  R  S  N  S  M  U  I  K
D  R  V  X  I  M  Q  H  L  D  I  K  T  V  A
Y  O  Z  U  T  V  I  T  E  E  P  O  E  E  B
U  F  E  H  D  Y  N  S  V  T  S  H  I  E  V
H  X  H  Y  G  S  E  R  V  I  E  T  Q  J  R
```

SPISEPINDE	KØLESKAB
KEDEL	FORKLÆDE
KANDE	GRILL
MAD	SLEV
SKÅL	OPSKRIFT
KNIVE	KRYDDERIER
FRYSER	SVAMP
SKEER	KOPPER
GAFLER	SERVIET
OVN	KRUKKE

93 - Giardinaggio

```
K  J  I  P  S  H  V  B  Q  A  O  O  B  L  K
T  O  S  F  T  P  V  T  L  V  T  L  G  H  L
S  R  B  M  Y  G  I  I  T  O  I  H  Q  P  I
M  D  A  Y  E  R  I  S  M  S  M  J  L  G  M
O  N  U  Q  S  R  B  W  E  K  O  S  F  O  A
L  A  K  M  B  U  K  E  T  L  H  C  T  R  A
B  V  A  T  S  T  F  R  S  E  I  N  F  E  Ø
K  O  M  P  O  S  T  E  E  K  F  G  R  G  R
S  X  H  T  B  L  A  D  B  S  U  K  U  N  F
I  U  D  Y  G  B  Y  L  N  O  G  P  G  A  I
N  Z  F  G  D  B  O  O  O  T  T  X  T  L  A
A  A  M  U  L  S  N  H  S  I  G  G  H  S  K
T  W  J  I  X  U  J  E  Æ  S  E  D  A  N  T
O  A  F  C  P  C  G  B  S  K  R  U  V  R  T
B  J  P  P  C  S  N  S  L  Ø  V  J  E  R  H
```

VAND
BOTANISK
KLIMA
SPISELIG
KOMPOST
BEHOLDER
EKSOTISK
BLOMST
BLOMSTER
BLAD

LØV
FRUGTHAVE
BUKET
FRØ
ART
SMUDS
SÆSONBESTEMT
JORD
SLANGE
FUGT

94 - Universo

```
R D A H K O S M I S K B S C R
G Y O S I A E K R Ø M R O R Q
I S G C T M D P L R E E L L U
K Z M Q C R I K K A B D H A I
H I M M E L O S G S X D V A X
K M Å N E F R N E Y S E E T A
G R R W B Q E X O G Q G R M S
A H E G D Y T U G M C R V O T
L I D D Y G S O G P I A V S R
A M G H S I A S J K W D U F O
K M N X E L G U K V L A H Æ N
S E Æ W V N Ø Z O D I A C R O
E L L X G Y G B O R L B V E M
U S G A R S H H O R I S O N T
N K T E L E S K O P L S E X F
```

ASTEROIDE
ASTRONOMI
ASTRONOM
ATMOSFÆRE
MØRKE
HIMMELSK
HIMMEL
KOSMISK
HALVKUGLE
GALAKSE

BREDDEGRAD
LÆNGDE
MÅNE
KREDSLØB
HORISONT
SOL
SOLHVERV
TELESKOP
SYNLIG
ZODIAC

95 - Jazz

```
A  M  T  E  A  T  O  K  I  S  U  M  T  K  F
N  A  B  Q  B  A  R  U  M  Z  Z  F  E  O  A
D  R  E  N  D  L  K  N  K  K  E  H  K  M  V
D  T  Z  S  Z  E  E  S  O  J  M  X  N  P  O
A  L  B  U  M  N  S  T  N  N  T  X  I  O  R
K  I  A  J  K  T  T  N  C  Y  Y  M  K  N  I
U  T  K  F  Z  R  E  E  E  T  R  E  X  I  T
G  S  X  X  I  V  R  R  U  T  G  O  S  E
M  L  D  C  H  B  A  Y  T  N  Q  P  S  T  R
G  E  N  R  E  C  P  D  I  L  E  F  H  B  V
N  M  B  E  R  Ø  M  T  G  Æ  V  D  S  A  T
A  M  I  M  P  R  O  V  I  S  A  T  I  O  N
S  A  V  L  B  F  C  U  U  Y  M  T  F  D  H
S  G  U  H  R  I  F  X  Y  X  N  C  C  L  S
S  A  M  M  E  N  S  Æ  T  N  I  N  G  M  R
```

ALBUM	IMPROVISATION
BIFALD	MUSIK
KUNSTNER	NY
SANG	ORKESTER
KOMPONIST	FAVORITER
SAMMENSÆTNING	RYTME
KONCERT	STIL
VÆGT	TALENT
BERØMT	TEKNIK
GENRE	GAMMEL

96 - Vacanze #2

```
B  I  L  L  E  D  E  R  R  N  L  Q  J  K  W
F  J  D  E  S  J  E  R  G  O  E  I  P  O  Y
N  B  N  W  T  W  F  E  R  I  E  E  I  R  A
W  N  Y  T  L  O  C  G  O  T  A  X  A  T  M
N  S  L  T  E  W  H  N  O  A  R  U  I  L  H
P  J  Q  U  T  V  R  I  W  N  E  D  V  A  G
S  T  R  A  N  D  D  P  G  I  S  L  I  M  T
X  U  I  N  V  I  H  M  Y  T  T  Æ  S  C  R
P  P  H  C  A  T  K  A  L  S  A  N  U  J  A
M  A  P  Z  H  I  O  C  V  E  U  D  M  T  N
V  S  S  B  T  R  J  V  A  D  R  I  M  K  S
R  Z  S  W  F  F  Ø  N  R  S  A  N  X  W  P
D  O  D  O  U  I  D  Y  V  E  N  G  M  T  O
E  H  X  H  L  C  Q  C  W  O  T  S  B  U  R
Y  M  G  P  O  H  X  L  K  X  P  U  V  E  T
```

LUFTHAVN	UDLÆNDING
CAMPING	TAXA
DESTINATION	FRITID
BILLEDER	TELT
HOTEL	TRANSPORT
KORT	TOG
HAV	FERIE
PAS	REJSE
RESTAURANT	VISUM
STRAND	

97 - Attività

```
J  H  A  V  E  A  R  B  E  J  D  E  F  N  F
Z  A  P  R  X  I  R  L  Æ  S  N  I  N  G  Æ
F  Y  G  N  I  N  Y  S  I  Q  J  S  F  J  R
W  I  G  T  S  N  U  K  D  C  K  P  E  D  D
E  G  S  F  R  I  T  I  D  G  B  I  C  C  I
P  A  N  K  I  M  A  R  E  K  G  L  T  W  G
Y  M  A  R  E  S  L  E  J  Ø  N  R  O  F  H
E  J  D  Æ  B  R  J  R  U  R  I  Y  R  V  E
W  H  B  V  H  A  I  N  O  N  P  I  G  A  D
B  M  V  D  H  F  W  N  Z  M  M  K  E  N  D
G  N  I  N  P  A  L  S  F  A  A  K  R  D  A
Q  V  K  Å  X  M  V  Z  J  U  C  K  J  R  X
O  G  M  H  A  K  T  I  V  I  T  E  T  I  D
F  O  T  O  G  R  A  F  E  R  I  N  G  N  X
P  U  S  L  E  S  P  I  L  E  J  P  D  G  K
```

FÆRDIGHED	FOTOGRAFERING
KUNST	HAVEARBEJDE
HÅNDVÆRK	SPIL
AKTIVITET	LÆSNING
JAGT	MAGI
CAMPING	FISKERI
KERAMIK	FORNØJELSE
SYNING	PUSLESPIL
DANS	AFSLAPNING
VANDRING	FRITID

98 - Diplomazia

```
Y  V  C  T  C  I  R  I  K  I  T  E  E  I  R
H  N  K  S  I  T  A  M  O  L  P  I  D  N  E
E  G  G  Z  V  A  P  Y  N  J  E  V  J  T  T
L  R  H  T  I  T  O  V  F  J  R  X  E  E  F
F  Ø  B  C  C  K  L  X  L  Q  E  L  B  G  Æ
Æ  D  S  Z  N  A  I  A  I  G  V  Y  R  R  R
L  A  B  N  O  R  T  R  K  N  I  T  A  I  D
L  S  O  P  I  T  I  E  T  G  G  D  M  T  I
E  S  R  U  S  N  K  G  M  X  D  M  A  E  G
S  A  G  L  S  Z  G  E  W  O  Å  A  S  T  H
S  B  E  V  U  W  T  R  S  P  R  O  G  T  E
K  M  R  V  K  L  T  I  S  Z  K  W  D  W  D
A  A  E  E  S  C  Y  N  E  H  Z  N  A  M  F
B  G  E  R  I  X  F  G  U  S  U  X  Z  C  B
Q  D  Y  X  D  E  H  R  E  K  K  I  S  U  O
```

AMBASSADØR	ETIK
BORGERE	RETFÆRDIGHED
CIVIC	REGERING
FÆLLESSKAB	INTEGRITET
KONFLIKT	SPROG
RÅDGIVER	POLITIK
SAMARBEJDE	SIKKERHED
DIPLOMATISK	LØSNING
DISKUSSION	TRAKTAT

99 - Forniture Artistiche

```
G O D N K C T C K W R S P V T
L K R E A T I V I T E T A I R
E E L I A K R Y L L O D P S Æ
B Q R L B W H D N A V D I K K
A D E O S T O L G K L J R E U
T Q T D H R Q D A V G I Y L L
S B S S Z R E V R A F L M Æ K
V O R E E D I J E R O E P D L
Q R Ø E B L Æ K M E S F A E Z
F B B K T R N F A L F F X R N
U R S O L N P S K L F A F W W
T Y H J Q M A O E E Q T D C N
H S Y E H W H Y W R T S J S C
J E Z T W T R E L L E T S A P
M Y S K X U E P D B T Y N Z Y
```

VAND	VISKELÆDER
AKVARELLER	IDEER
AKRYL	BLÆK
LER	BLYANTER
TRÆKUL	OLIE
PAPIR	PASTELLER
STAFFELI	STOL
LIM	BØRSTER
FARVER	TABEL
KREATIVITET	KAMERA

100 - Misurazioni

```
P B O X A Q G L A R B R N E C
T Z U M Z O H N W A D C S G E
S C Z W U M V Æ G T Y K M P N
F T J E M Y M A R G B N E Q T
T O M M E S S A M N D X T L I
M F Z M C D M M R G E X E Y M
L I W J N O F H K G D X R N E
A Æ N T U P R Q I V O M E X T
M H N U O I X K L K B L T Z E
I T R G T N T L O I L W I R R
C C J L D T O J M N G C L K N
E D J Ø H E N Q E D D E R B N
D I O O Z A Y Q T W H T M T U
B C E O Q J S K E F W Y D T F
B R O D G R A D R O K B D F H
```

HØJDE
BYTE
CENTIMETER
KILOGRAM
KILOMETER
DECIMAL
GRAD
GRAM
BREDDE
LITER

LÆNGDE
MASSE
METER
MINUT
OUNCE
VÆGT
PINT
TOMME
DYBDE
TON

1 - Salute e Benessere #2

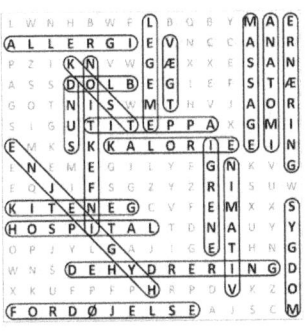

2 - Aggettivi #2

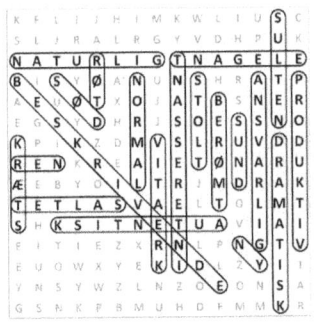

3 - Ingegneria

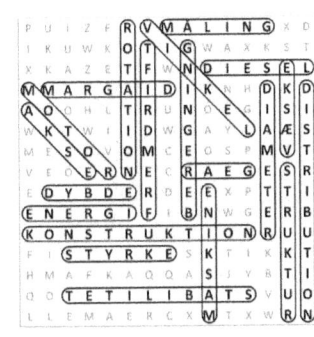

4 - Archeologia

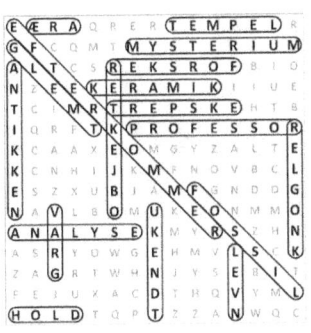

5 - Salute e Benessere #1

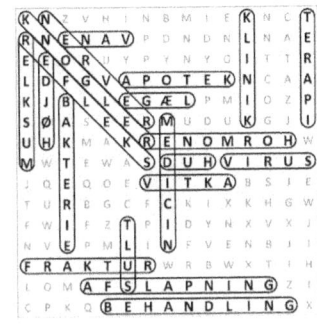

6 - Aggettivi #1

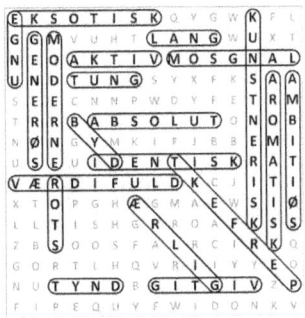

7 - Geologia

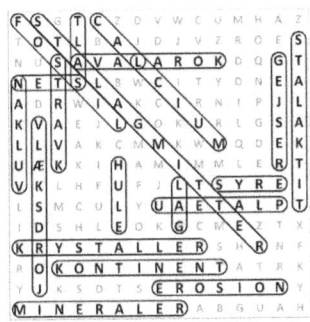

8 - Campeggio

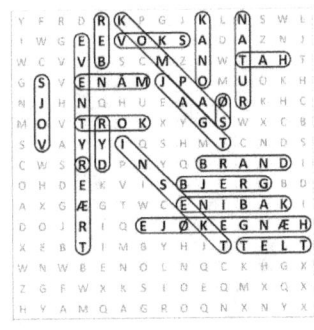

9 - Arti Visive

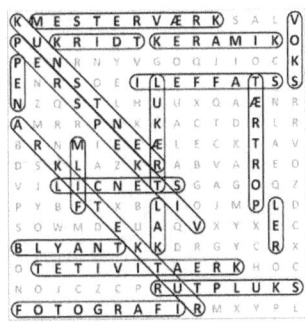

10 - Tempo

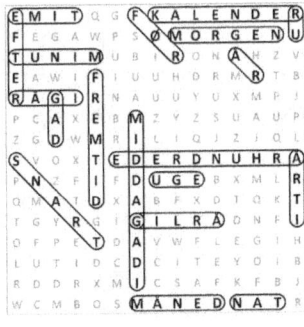

11 - Astronomia

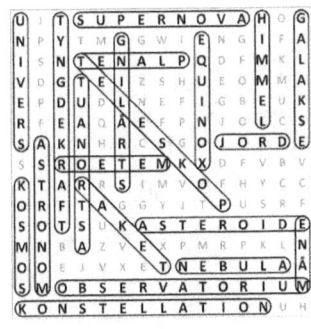

12 - Algebra

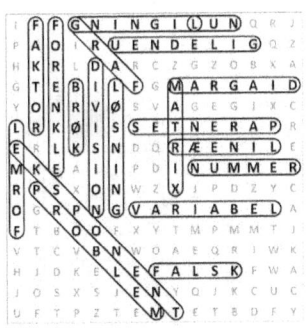

13 - Mitologia

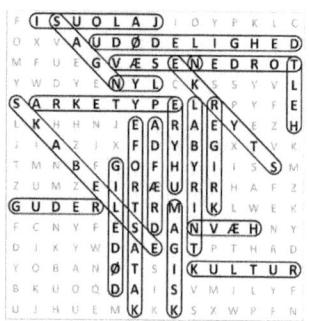

14 - Piante

15 - Spezie

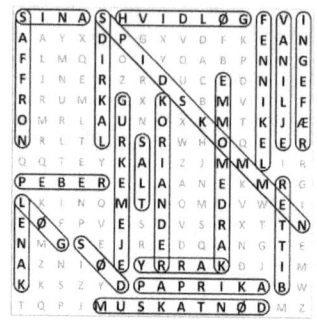

16 - Numeri

17 - Cioccolato

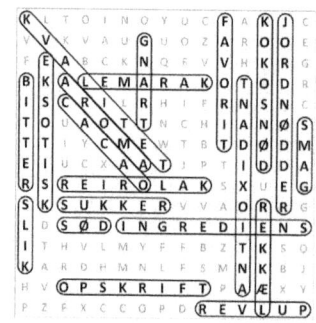

18 - Guida

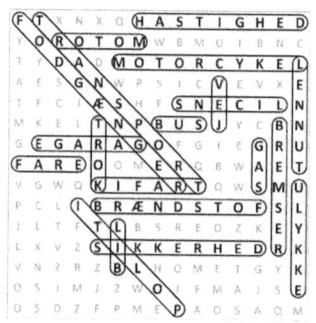

19 - I Media

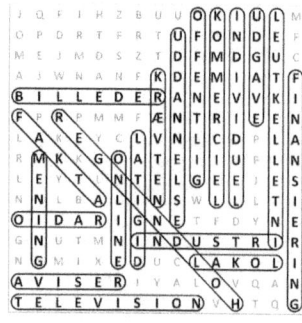

20 - Forza e Gravità

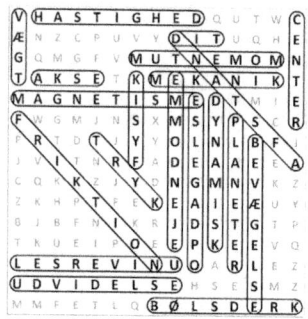

21 - Uccelli

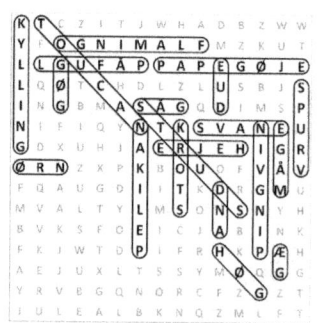

22 - Giorni e Mesi

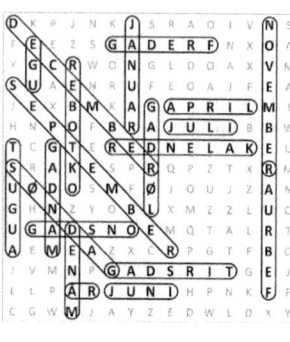

23 - Casa

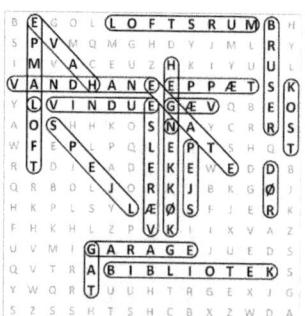

24 - Fantascienza

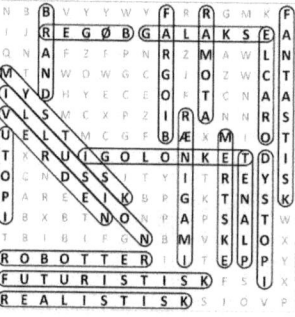

25 - Città

26 - Fattoria #1

27 - Psicologia

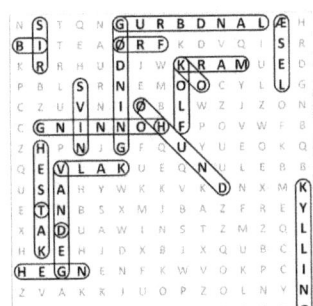
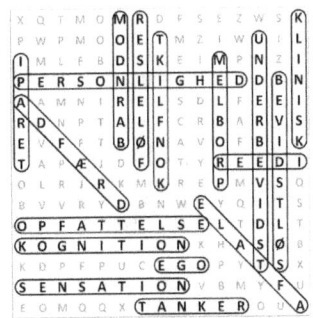

28 - Paesaggi

29 - Energia

30 - Moda

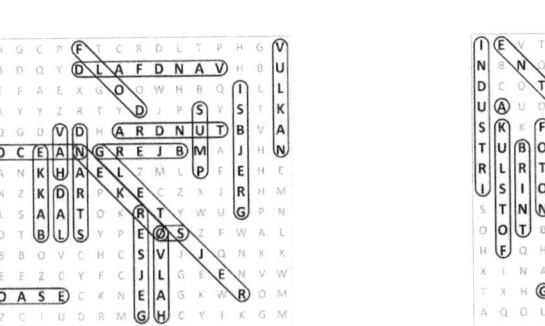
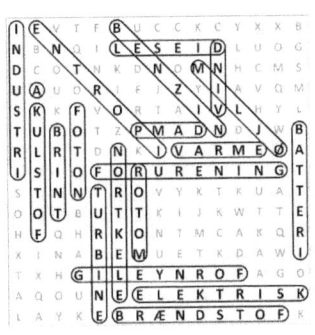
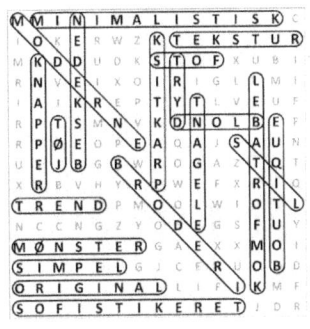

31 - L'Azienda

32 - Giardino

33 - Riscaldamento Gl

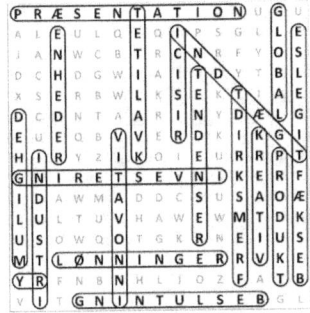
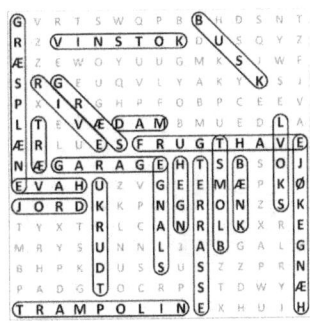
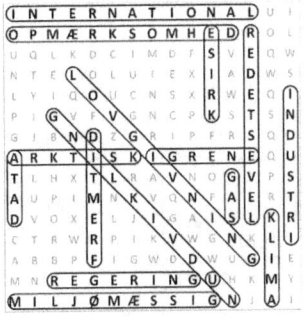

34 - Frutta

35 - Fattoria #2

36 - Verdure

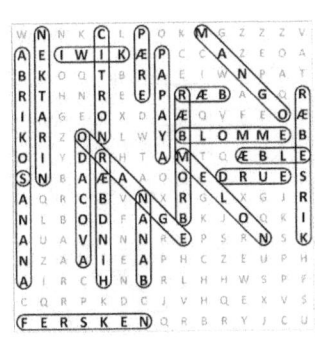
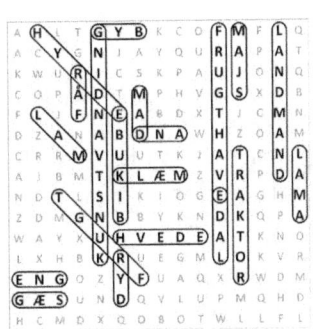
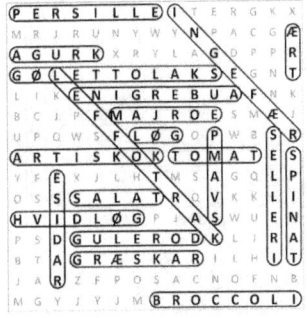

37 - Musica

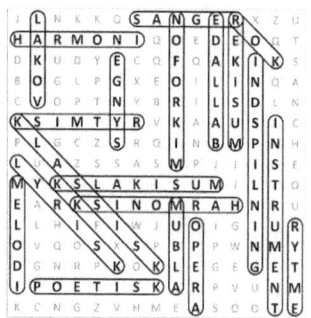

38 - Barbecue

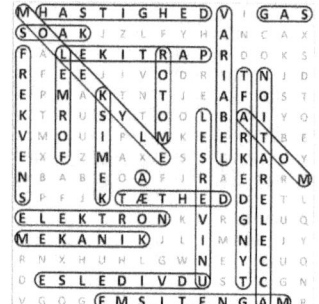

39 - Fisica

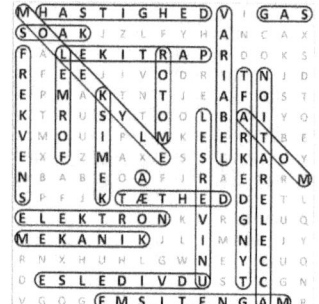

40 - Agronomia

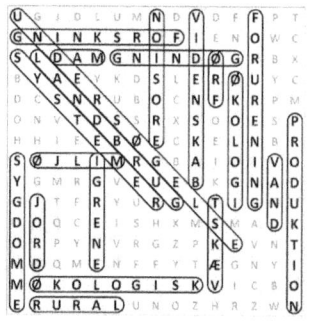

41 - Erboristeria

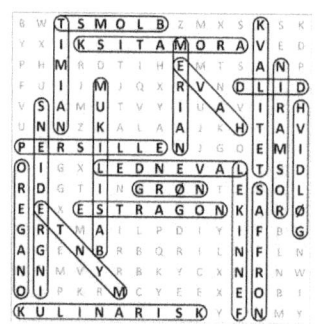

42 - Biologia

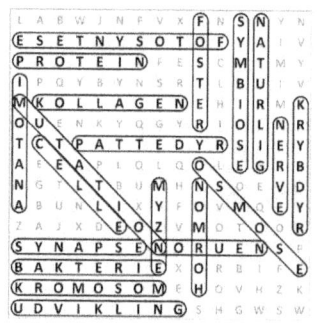

43 - Attività Commerciale

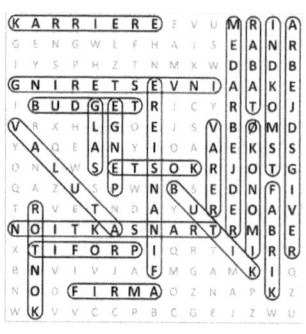

44 - Fiori

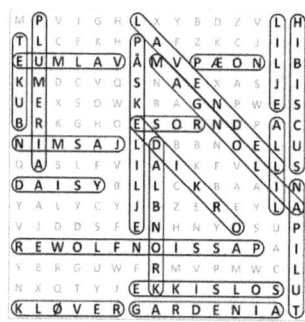

45 - Filantropia

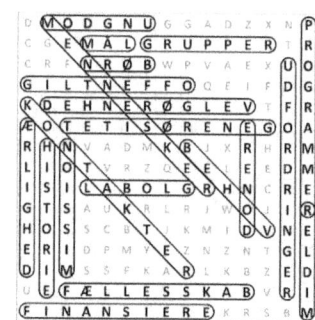

46 - Ecologia

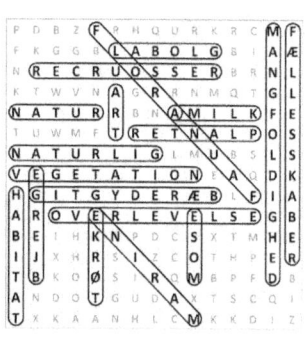

47 - Discipline Scientifiche

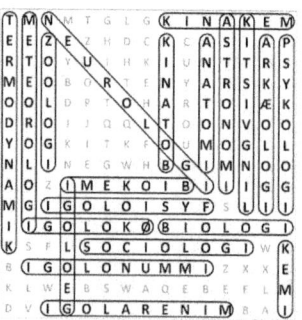

48 - Scienza

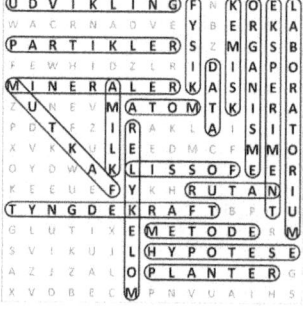

49 - Acqua

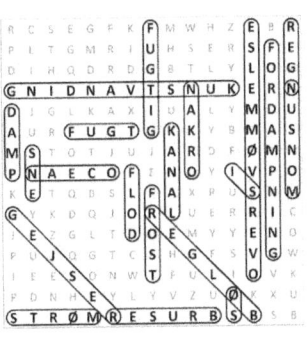

50 - Imbarcazioni

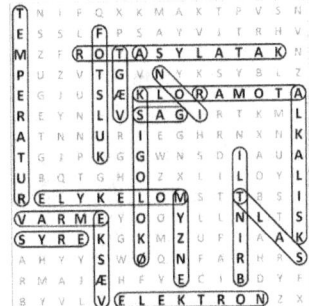

51 - Chimica

52 - Api

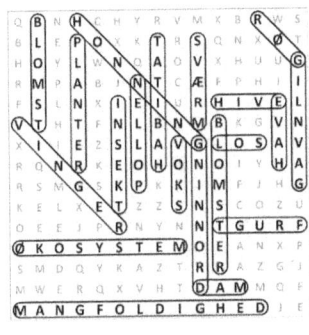

53 - Conservazione

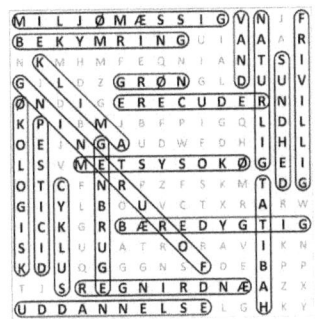

54 - Strumenti Musicali

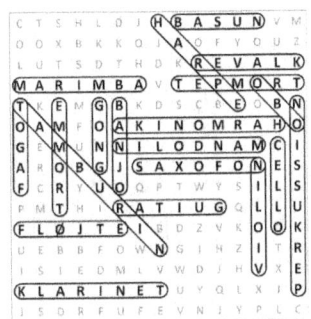

55 - Professioni #2

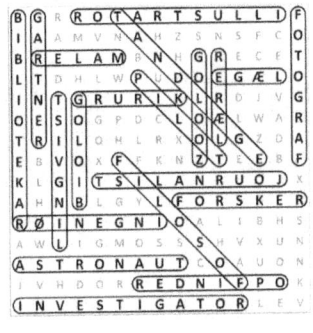

56 - Letteratura

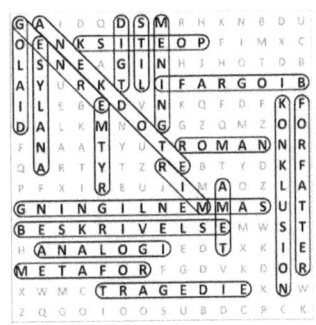

57 - Cibo #2

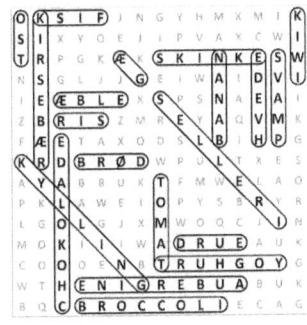

58 - Nutrizione

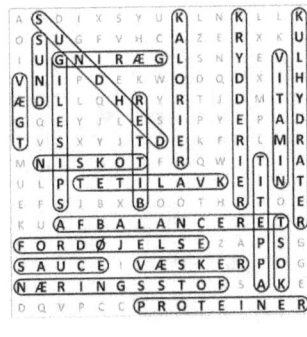

59 - Matematica

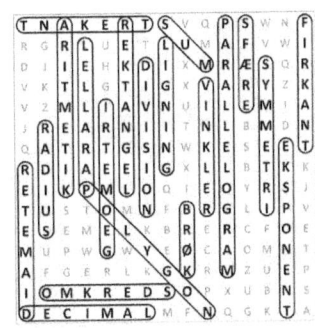

60 - Meditazione

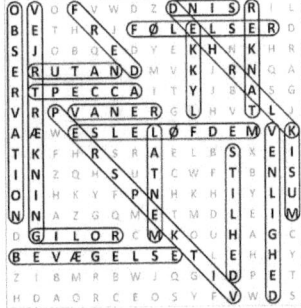

61 - Antiquariato

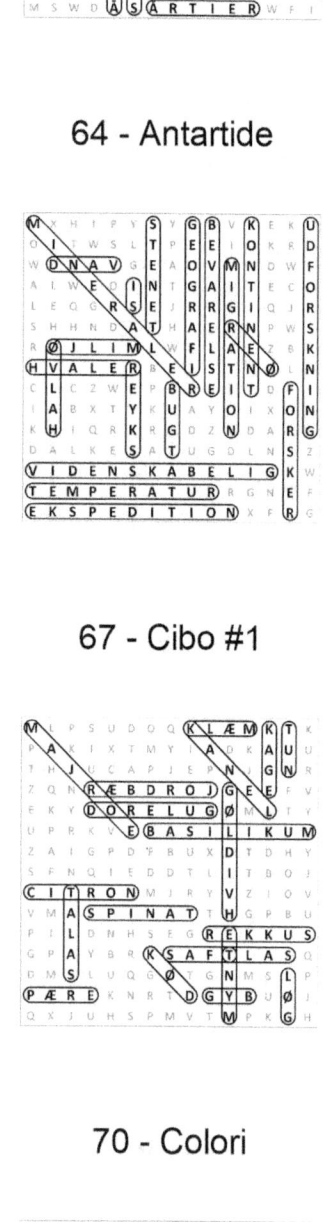

62 - Escursionismo

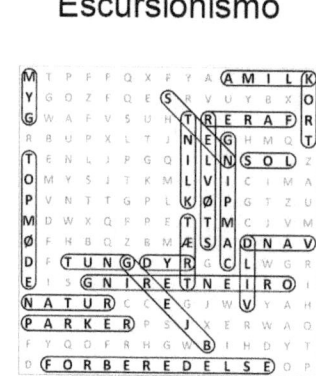

63 - Professioni #1

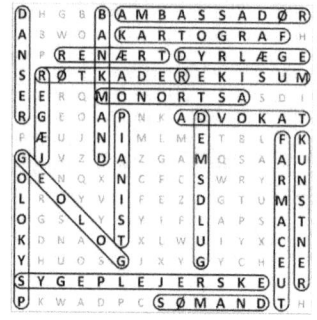

64 - Antartide

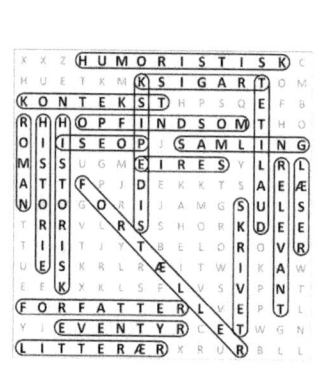

65 - Libri

66 - Geografia

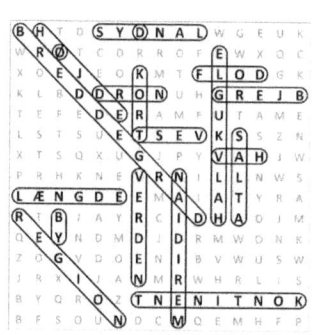

67 - Cibo #1

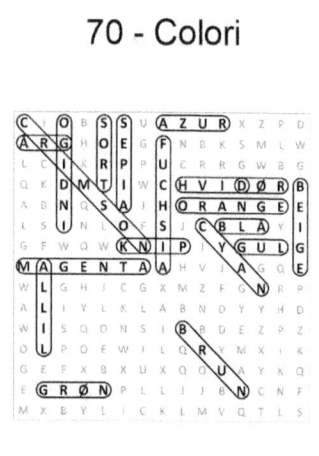

68 - Aeroplani

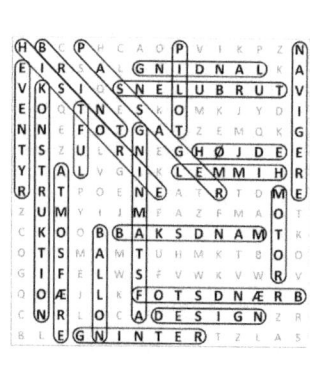

69 - Governo

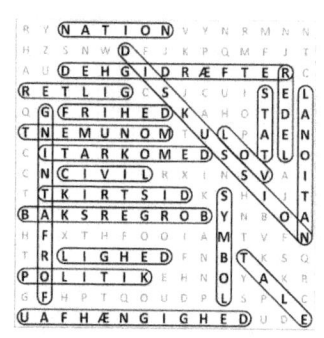

70 - Colori

71 - Bellezza

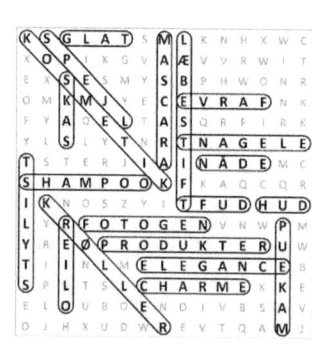

72 - Avventura

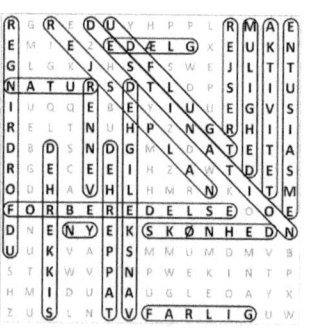

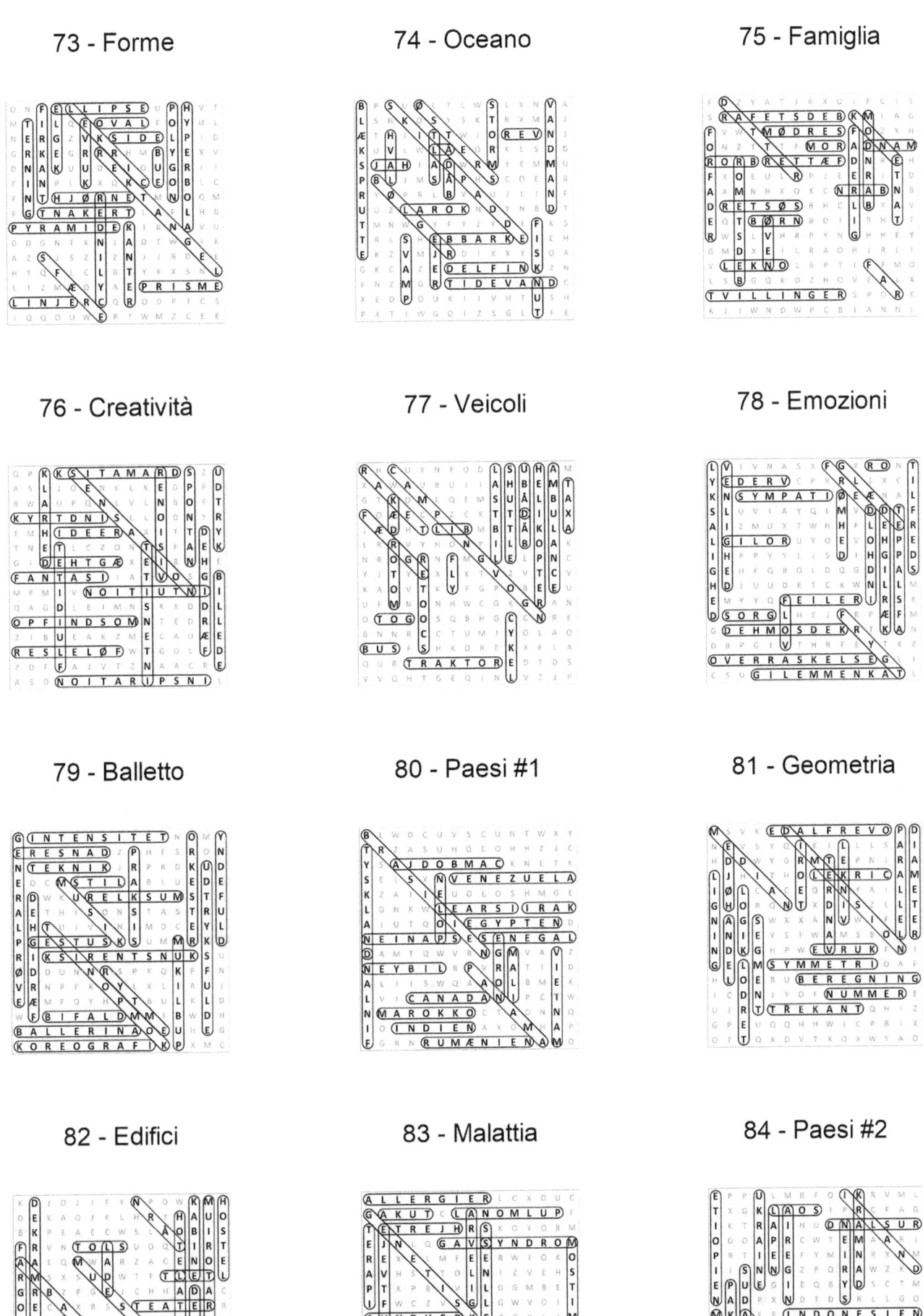

73 - Forme

74 - Oceano

75 - Famiglia

76 - Creatività

77 - Veicoli

78 - Emozioni

79 - Balletto

80 - Paesi #1

81 - Geometria

82 - Edifici

83 - Malattia

84 - Paesi #2

85 - Tipi di Capelli

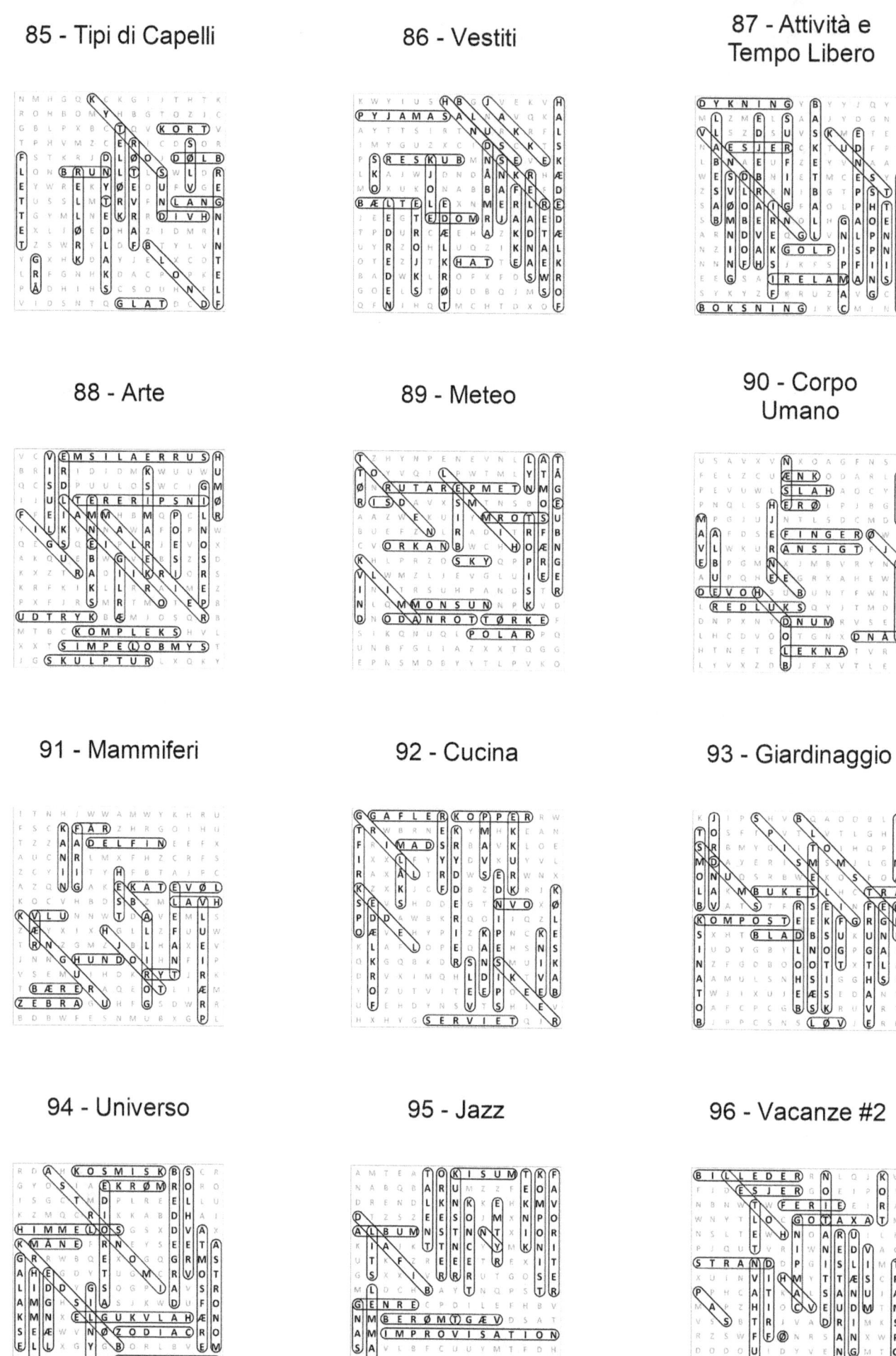

86 - Vestiti

87 - Attività e Tempo Libero

88 - Arte

89 - Meteo

90 - Corpo Umano

91 - Mammiferi

92 - Cucina

93 - Giardinaggio

94 - Universo

95 - Jazz

96 - Vacanze #2

97 - Attività

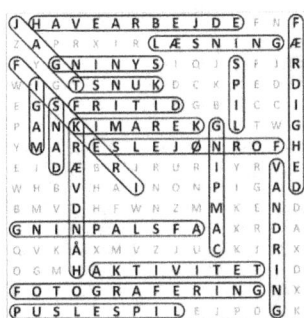

98 - Diplomazia

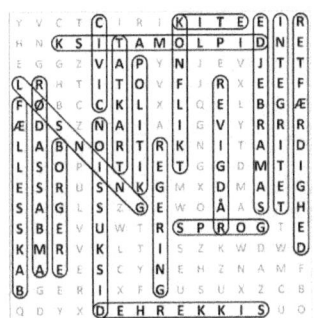

99 - Forniture Artistiche

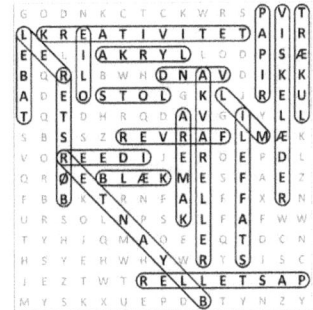

100 - Misurazioni

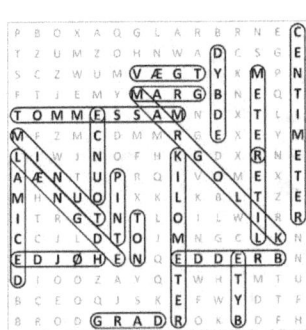

Dizionario

Acqua
Vand

Alluvione	Oversvømmelse
Canale	Kanal
Doccia	Bruser
Evaporazione	Fordampning
Fiume	Flod
Flusso	Strøm
Gelo	Frost
Geyser	Gejser
Ghiaccio	Is
Irrigazione	Kunstvanding
Lago	Sø
Monsone	Monsun
Neve	Sne
Oceano	Ocean
Onde	Bølger
Pioggia	Regn
Umidità	Fugt
Umido	Fugtig
Uragano	Orkan
Vapore	Damp

Aeroplani
Fly

Altezza	Højde
Aria	Luft
Atmosfera	Atmosfære
Atterraggio	Landing
Avventura	Eventyr
Carburante	Brændstof
Cielo	Himmel
Costruzione	Konstruktion
Design	Design
Direzione	Retning
Discesa	Afstamning
Equipaggio	Mandskab
Idrogeno	Brint
Motore	Motor
Navigare	Navigere
Palloncino	Ballon
Passeggero	Passager
Pilota	Pilot
Storia	Historie
Turbolenza	Turbulens

Aggettivi #1
Tillægsord #1

Ambizioso	Ambitiøs
Aromatico	Aromatisk
Artistico	Kunstnerisk
Assoluto	Absolut
Attivo	Aktiv
Esotico	Eksotisk
Generoso	Generøs
Giovane	Unge
Grande	Stor
Identico	Identisk
Importante	Vigtig
Lento	Langsom
Lungo	Lang
Moderno	Moderne
Onesto	Ærlig
Perfetto	Perfekt
Pesante	Tung
Prezioso	Værdifuld
Profondo	Dyb
Sottile	Tynd

Aggettivi #2
Tillægsord #2

Affamato	Sulten
Asciutto	Tør
Autentico	Autentisk
Creativo	Kreativ
Descrittivo	Beskrivende
Dolce	Sød
Drammatico	Dramatisk
Elegante	Elegant
Famoso	Berømt
Forte	Stærk
Interessante	Interessant
Naturale	Naturlig
Normale	Normal
Nuovo	Ny
Orgoglioso	Stolt
Produttivo	Produktiv
Puro	Ren
Responsabile	Ansvarlig
Salato	Saltet
Sano	Sund

Agronomia
Agronomi

Acqua	Vand
Agricoltura	Landbrug
Ambiente	Miljø
Cibo	Mad
Crescita	Vækst
Ecologia	Økologi
Energia	Energi
Erosione	Erosion
Fertilizzante	Gødning
Inquinamento	Forurening
Malattie	Sygdomme
Organico	Økologisk
Produzione	Produktion
Ricerca	Forskning
Rurale	Rural
Scienza	Videnskab
Semi	Frø
Sistemi	Systemer
Studio	Undersøgelse
Suolo	Jord

Algebra
Algebra

Diagramma	Diagram
Divisione	Division
Equazione	Ligning
Esponente	Eksponent
Falso	Falsk
Fattore	Faktor
Formula	Formel
Frazione	Brøk
Grafico	Graf
Infinito	Uendelig
Lineare	Lineær
Matrice	Matrix
Numero	Nummer
Parentesi	Parentes
Problema	Problem
Semplificare	Forenkle
Soluzione	Løsning
Sottrazione	Subtraktion
Variabile	Variabel
Zero	Nul

Antartide
Antarktis

Acqua	Vand
Ambiente	Miljø
Baia	Bugt
Balene	Hvaler
Conservazione	Bevarelse
Continente	Kontinent
Esplorazione	Udforskning
Geografia	Geografi
Ghiaccio	Is
Isole	Øer
Migrazione	Migration
Minerali	Mineraler
Nuvole	Skyer
Penisola	Halvø
Ricercatore	Forsker
Roccioso	Stenet
Scientifico	Videnskabelig
Spedizione	Ekspedition
Temperatura	Temperatur
Topografia	Topografi

Antiquariato
Antikviteter

Arte	Kunst
Asta	Auktion
Autentico	Autentisk
Condizione	Tilstand
Decenni	Årtier
Decorativo	Dekorativ
Elegante	Elegant
Galleria	Galleri
Insolito	Usædvanlig
Investimento	Investering
Mobilio	Møbler
Monete	Mønter
Prezzo	Pris
Qualità	Kvalitet
Restauro	Restaurering
Scultura	Skulptur
Secolo	Århundrede
Stile	Stil
Valore	Værdi
Vecchio	Gammel

Api
Bier

Ali	Vinger
Alveare	Hive
Benefico	Gavnlig
Cera	Voks
Cibo	Mad
Diversità	Mangfoldighed
Ecosistema	Økosystem
Fiori	Blomster
Fiorire	Blomst
Frutta	Frugt
Fumo	Røg
Giardino	Have
Habitat	Habitat
Insetto	Insekt
Miele	Honning
Piante	Planter
Polline	Pollen
Regina	Dronning
Sciame	Sværm
Sole	Sol

Archeologia
Arkæologi

Analisi	Analyse
Antichità	Antikken
Ceramica	Keramik
Civiltà	Civilisation
Dimenticato	Glemt
Discendente	Efterkommer
Era	Æra
Esperto	Ekspert
Fossile	Fossil
Mistero	Mysterium
Oggetti	Objekter
Ossa	Knogler
Professore	Professor
Reliquia	Levn
Ricercatore	Forsker
Sconosciuto	Ukendt
Squadra	Hold
Tempio	Tempel
Tomba	Grav
Valutazione	Evaluering

Arte
Kunst

Ceramica	Keramisk
Complesso	Kompleks
Composizione	Sammensætning
Creare	Skabe
Dipinti	Malerier
Espressione	Udtryk
Figura	Figur
Ispirato	Inspireret
Onesto	Ærlig
Originale	Original
Personale	Personlig
Poesia	Poesi
Ritrarre	Skildre
Scultura	Skulptur
Semplice	Simpel
Simbolo	Symbol
Soggetto	Emne
Surrealismo	Surrealisme
Umore	Humør
Visivo	Visuel

Arti Visive
Billedkunst

Architettura	Arkitektur
Argilla	Ler
Artista	Kunstner
Capolavoro	Mesterværk
Carbone	Trækul
Cavalletto	Staffeli
Cera	Voks
Ceramica	Keramik
Composizione	Sammensætning
Creatività	Kreativitet
Film	Film
Fotografia	Fotografi
Gesso	Kridt
Matita	Blyant
Penna	Pen
Prospettiva	Perspektiv
Ritratto	Portræt
Scultura	Skulptur
Stampino	Stencil
Vernice	Lak

Astronomia
Astronomi

Asteroide	Asteroide
Astronauta	Astronaut
Astronomo	Astronom
Cielo	Himmel
Cosmo	Kosmos
Costellazione	Konstellation
Equinozio	Equinox
Galassia	Galakse
Gravità	Tyngdekraft
Luna	Måne
Meteora	Meteor
Nebulosa	Nebula
Osservatorio	Observatorium
Pianeta	Planet
Radiazione	Stråling
Razzo	Raket
Supernova	Supernova
Telescopio	Teleskop
Terra	Jord
Universo	Univers

Attività
Aktiviteter

Abilità	Færdighed
Arte	Kunst
Artigianato	Håndværk
Attività	Aktivitet
Caccia	Jagt
Campeggio	Camping
Ceramica	Keramik
Cucire	Syning
Danza	Dans
Escursioni	Vandring
Fotografia	Fotografering
Giardinaggio	Havearbejde
Giochi	Spil
Lettura	Læsning
Magia	Magi
Pesca	Fiskeri
Piacere	Fornøjelse
Puzzle	Puslespil
Rilassamento	Afslapning
Tempo Libero	Fritid

Attività Commerciale
Forretning

Bilancio	Budget
Carriera	Karriere
Costo	Koste
Datore di Lavoro	Arbejdsgiver
Dipendente	Medarbejder
Economia	Økonomi
Fabbrica	Fabrik
Finanza	Finansiere
Investimento	Investering
Merce	Varer
Negozio	Butik
Profitto	Profit
Reddito	Indkomst
Sconto	Rabat
Società	Firma
Soldi	Penge
Transazione	Transaktion
Ufficio	Kontor
Valuta	Valuta
Vendita	Salg

Attività e Tempo Libero
Aktiviteter og Fritid

Arte	Kunst
Baseball	Baseball
Basket	Basketball
Boxe	Boksning
Calcio	Fodbold
Campeggio	Camping
Escursioni	Vandring
Giardinaggio	Havearbejde
Golf	Golf
Immersione	Dykning
Nuoto	Svømning
Pallavolo	Volleyball
Pesca	Fiskeri
Pittura	Maleri
Rilassante	Afslappende
Shopping	Shopping
Surf	Surfing
Tennis	Tennis
Viaggio	Rejse

Avventura
Eventyr

Amici	Venner
Attività	Aktivitet
Bellezza	Skønhed
Coraggio	Tapperhed
Destinazione	Destination
Difficoltà	Vanskelighed
Entusiasmo	Entusiasme
Escursione	Udflugt
Gioia	Glæde
Insolito	Usædvanlig
Itinerario	Rejseplan
Natura	Natur
Navigazione	Navigation
Nuovo	Ny
Opportunità	Mulighed
Pericoloso	Farlig
Preparazione	Forberedelse
Sfide	Udfordringer
Sicurezza	Sikkerhed
Viaggi	Rejser

Balletto
Ballet

Abilità	Færdighed
Applauso	Bifald
Artistico	Kunstnerisk
Ballerina	Ballerina
Ballerini	Dansere
Compositore	Komponist
Coreografia	Koreografi
Espressivo	Udtryksfulde
Gesto	Gestus
Grazioso	Yndefuld
Intensità	Intensitet
Muscoli	Muskler
Musica	Musik
Orchestra	Orkester
Pratica	Praksis
Prova	Generalprøve
Pubblico	Publikum
Ritmo	Rytme
Stile	Stil
Tecnica	Teknik

Barbecue
Grillninger

Caldo	Hed
Cena	Middag
Cibo	Mad
Cipolle	Løg
Coltelli	Knive
Estate	Sommer
Fame	Sult
Famiglia	Familie
Frutta	Frugt
Giochi	Spil
Griglia	Grill
Insalate	Salater
Invito	Invitation
Musica	Musik
Pepe	Peber
Pollo	Kylling
Pomodori	Tomater
Pranzo	Frokost
Sale	Salt
Salsa	Sauce

Bellezza
Skønhed

Colore	Farve
Cosmetici	Kosmetik
Elegante	Elegant
Eleganza	Elegance
Fascino	Charme
Forbici	Saks
Fotogenico	Fotogen
Fragranza	Duft
Grazia	Nåde
Liscio	Glat
Mascara	Mascara
Oli	Olier
Pelle	Hud
Prodotti	Produkter
Riccioli	Krøller
Rossetto	Læbestift
Shampoo	Shampoo
Specchio	Spejl
Stilista	Stylist
Trucco	Makeup

Biologia
Biologi

Anatomia	Anatomi
Batteri	Bakterie
Cellula	Celle
Collagene	Kollagen
Cromosoma	Kromosom
Embrione	Foster
Enzima	Enzym
Evoluzione	Udvikling
Fotosintesi	Fotosyntese
Mammifero	Pattedyr
Mutazione	Mutation
Naturale	Naturlig
Nervo	Nerve
Neurone	Neuron
Ormone	Hormon
Osmosi	Osmose
Proteina	Protein
Rettile	Krybdyr
Simbiosi	Symbiose
Sinapsi	Synapse

Campeggio
Camping

Alberi	Træer
Amaca	Hængekøje
Animali	Dyr
Avventura	Eventyr
Bussola	Kompas
Cabina	Kabine
Caccia	Jagt
Canoa	Kano
Cappello	Hat
Corda	Reb
Divertimento	Sjov
Foresta	Skov
Fuoco	Brand
Insetto	Insekt
Lago	Sø
Luna	Måne
Mappa	Kort
Montagna	Bjerg
Natura	Natur
Tenda	Telt

Casa
Hus

Attico	Loftsrum
Biblioteca	Bibliotek
Camera	Værelse
Camino	Pejs
Cucina	Køkken
Doccia	Bruser
Finestra	Vindue
Garage	Garage
Giardino	Have
Lampada	Lampe
Parete	Væg
Pavimento	Etage
Porta	Dør
Recinto	Hegn
Rubinetto	Vandhane
Scopa	Kost
Soffitto	Loft
Specchio	Spejl
Tappeto	Tæppe
Tetto	Tag

Chimica
Kemi

Acido	Syre
Alcalino	Alkalisk
Atomico	Atomar
Calore	Varme
Carbonio	Kulstof
Catalizzatore	Katalysator
Cloro	Klor
Elettrone	Elektron
Enzima	Enzym
Gas	Gas
Idrogeno	Brint
Ione	Ion
Liquido	Væske
Molecola	Molekyle
Nucleare	A
Organico	Økologisk
Ossigeno	Ilt
Peso	Vægt
Sale	Salt
Temperatura	Temperatur

Cibo #1
Mad #1

Aglio	Hvidløg
Basilico	Basilikum
Cannella	Kanel
Carne	Kød
Carota	Gulerod
Cipolla	Løg
Fragola	Jordbær
Insalata	Salat
Latte	Mælk
Limone	Citron
Menta	Mynte
Orzo	Byg
Pera	Pære
Rapa	Majroe
Sale	Salt
Spinaci	Spinat
Succo	Saft
Tonno	Tun
Torta	Kage
Zucchero	Sukker

Cibo #2
Mad #2

Banana	Banan
Broccolo	Broccoli
Ciliegia	Kirsebær
Cioccolato	Chokolade
Formaggio	Ost
Fungo	Svamp
Grano	Hvede
Kiwi	Kiwi
Mela	Æble
Melanzana	Aubergine
Pane	Brød
Pesce	Fisk
Pollo	Kylling
Pomodoro	Tomat
Prosciutto	Skinke
Riso	Ris
Sedano	Selleri
Uovo	Æg
Uva	Drue
Yogurt	Yoghurt

Cioccolato
Chokolade

Amaro	Bitter
Antiossidante	Antioxidant
Arachidi	Jordnødder
Aroma	Aroma
Brama	Trang
Cacao	Cacao
Calorie	Kalorier
Caramella	Slik
Caramello	Karamel
Delizioso	Lækker
Dolce	Sød
Esotico	Eksotisk
Gusto	Smag
Ingrediente	Ingrediens
Noce di Cocco	Kokosnød
Polvere	Pulver
Preferito	Favorit
Qualità	Kvalitet
Ricetta	Opskrift
Zucchero	Sukker

Città
By

Aeroporto	Lufthavn
Banca	Bank
Biblioteca	Bibliotek
Cinema	Biograf
Clinica	Klinik
Farmacia	Apotek
Galleria	Galleri
Hotel	Hotel
Libreria	Boghandel
Mercato	Marked
Museo	Museum
Negozio	Butik
Panetteria	Bageri
Ristorante	Restaurant
Scuola	Skole
Stadio	Stadion
Supermercato	Supermarked
Teatro	Teater
Università	Universitet
Zoo	Zoo

Colori
Farver

Arancia	Orange
Azzurro	Azur
Beige	Beige
Bianco	Hvid
Blu	Blå
Ciano	Cyan
Cremisi	Crimson
Fucsia	Fuchsia
Giallo	Gul
Grigio	Grå
Indaco	Indigo
Magenta	Magenta
Marrone	Brun
Nero	Sort
Rosa	Pink
Rosso	Rød
Seppia	Sepia
Verde	Grøn
Viola	Lilla

Conservazione
Bevaring

Acqua	Vand
Ambientale	Miljømæssig
Cambiamenti	Ændringer
Ciclo	Cyklus
Clima	Klima
Ecosistema	Økosystem
Educazione	Uddannelse
Habitat	Habitat
Inquinamento	Forurening
Naturale	Naturlig
Organico	Økologisk
Pesticida	Pesticid
Preoccupazione	Bekymring
Riciclare	Genbruge
Ridurre	Reducere
Salute	Sundhed
Sostenibile	Bæredygtig
Verde	Grøn
Volontario	Frivillig

Corpo Umano
Menneskekroppen

Bocca	Mund
Caviglia	Ankel
Cervello	Hjerne
Collo	Hals
Cuore	Hjerte
Dito	Finger
Faccia	Ansigt
Gamba	Ben
Ginocchio	Knæ
Gomito	Albue
Mano	Hånd
Mento	Hage
Naso	Næse
Occhio	Øje
Orecchio	Øre
Pelle	Hud
Sangue	Blod
Spalla	Skulder
Stomaco	Mave
Testa	Hoved

Creatività
Kreativitet

Abilità	Færdighed
Artistico	Kunstnerisk
Autenticità	Ægthed
Chiarezza	Klarhed
Drammatico	Dramatisk
Emozioni	Følelser
Espressione	Udtryk
Fluidità	Fluiditet
Idee	Ideer
Immaginazione	Fantasi
Immagine	Billede
Impressione	Indtryk
Intensità	Intensitet
Intuizione	Intuition
Inventivo	Opfindsom
Ispirazione	Inspiration
Sensazione	Sensation
Spontaneo	Spontan
Visioni	Visioner
Vitalità	Vitalitet

Cucina
Køkken

Bacchette	Spisepinde
Bollitore	Kedel
Brocca	Kande
Cibo	Mad
Ciotola	Skål
Coltelli	Knive
Congelatore	Fryser
Cucchiai	Skeer
Forchette	Gafler
Forno	Ovn
Frigorifero	Køleskab
Grembiule	Forklæde
Griglia	Grill
Mestolo	Slev
Ricetta	Opskrift
Spezie	Krydderier
Spugna	Svamp
Tazze	Kopper
Tovagliolo	Serviet
Vaso	Krukke

Diplomazia
Diplomati

Ambasciata	Ambassade
Ambasciatore	Ambassadør
Cittadini	Borgere
Civico	Civic
Comunità	Fællesskab
Conflitto	Konflikt
Consigliere	Rådgiver
Cooperazione	Samarbejde
Diplomatico	Diplomatisk
Discussione	Diskussion
Etica	Etik
Giustizia	Retfærdighed
Governo	Regering
Integrità	Integritet
Lingue	Sprog
Politica	Politik
Sicurezza	Sikkerhed
Soluzione	Løsning
Trattato	Traktat
Umanitario	Humanitær

Discipline Scientifiche
Videnskabelige Disciplin

Anatomia	Anatomi
Archeologia	Arkæologi
Astronomia	Astronomi
Biochimica	Biokemi
Biologia	Biologi
Botanica	Botanik
Chimica	Kemi
Ecologia	Økologi
Fisiologia	Fysiologi
Geologia	Geologi
Immunologia	Immunologi
Linguistica	Lingvistik
Meccanica	Mekanik
Meteorologia	Meteorologi
Mineralogia	Mineralogi
Neurologia	Neurologi
Psicologia	Psykologi
Sociologia	Sociologi
Termodinamica	Termodynamik
Zoologia	Zoologi

Ecologia
Økologi

Clima	Klima
Comunità	Fællesskaber
Diversità	Mangfoldighed
Fauna	Fauna
Flora	Flora
Globale	Global
Habitat	Habitat
Marino	Marine
Montagne	Bjerge
Natura	Natur
Naturale	Naturlig
Palude	Mose
Piante	Planter
Risorse	Ressourcer
Siccità	Tørke
Sopravvivenza	Overlevelse
Sostenibile	Bæredygtig
Specie	Art
Vegetazione	Vegetation
Volontari	Frivillige

Edifici
Bygninger

Ambasciata	Ambassade
Appartamento	Lejlighed
Cabina	Kabine
Castello	Slot
Cinema	Biograf
Fabbrica	Fabrik
Fienile	Lade
Hotel	Hotel
Laboratorio	Laboratorium
Museo	Museum
Ospedale	Hospital
Osservatorio	Observatorium
Ostello	Hostel
Scuola	Skole
Stadio	Stadion
Supermercato	Supermarked
Teatro	Teater
Tenda	Telt
Torre	Tårn
Università	Universitet

Emozioni
Følelser

Amore	Kærlighed
Beatitudine	Lyksalighed
Calma	Rolig
Contenuto	Indhold
Gentilezza	Venlighed
Gioia	Glæde
Grato	Taknemmelig
Imbarazzato	Flov
Noia	Kedsomhed
Pace	Fred
Paura	Frygt
Rabbia	Vrede
Rilassato	Afslappet
Rilievo	Relief
Simpatia	Sympati
Soddisfatto	Tilfreds
Sorpresa	Overraskelse
Tenerezza	Ømhed
Tranquillità	Ro
Tristezza	Sorg

Energia
Energi

Ambiente	Miljø
Batteria	Batteri
Benzina	Benzin
Calore	Varme
Carbonio	Kulstof
Carburante	Brændstof
Diesel	Diesel
Elettrico	Elektrisk
Elettrone	Elektron
Entropia	Entropi
Fotone	Foton
Idrogeno	Brint
Industria	Industri
Inquinamento	Forurening
Motore	Motor
Nucleare	A
Rinnovabile	Fornyelig
Turbina	Turbine
Vapore	Damp
Vento	Vind

Erboristeria
Herbalisme

Aglio	Hvidløg
Aneto	Dild
Aromatico	Aromatisk
Basilico	Basilikum
Culinario	Kulinarisk
Dragoncello	Estragon
Finocchio	Fennikel
Fiore	Blomst
Giardino	Have
Ingrediente	Ingrediens
Lavanda	Lavendel
Maggiorana	Merian
Menta	Mynte
Origano	Oregano
Prezzemolo	Persille
Qualità	Kvalitet
Rosmarino	Rosmarin
Timo	Timian
Verde	Grøn
Zafferano	Saffron

Escursionismo
Vandreture

Acqua	Vand
Animali	Dyr
Campeggio	Camping
Clima	Klima
Mappa	Kort
Montagna	Bjerg
Natura	Natur
Orientamento	Orientering
Parchi	Parker
Pericoli	Farer
Pesante	Tung
Pietre	Sten
Preparazione	Forberedelse
Scogliera	Klint
Selvaggio	Vild
Sole	Sol
Stanco	Træt
Stivali	Støvler
Vertice	Topmøde
Zanzare	Myg

Famiglia
Familie

Antenato	Forfader
Bambini	Børn
Bambino	Barn
Cugino	Fætter
Figlia	Datter
Fratello	Bror
Gemelli	Tvillinger
Infanzia	Barndom
Madre	Mor
Marito	Mand
Materno	Mødres
Moglie	Kone
Nipote	Nevø
Nonna	Bedstemor
Nonno	Bedstefar
Padre	Far
Paterno	Faderlig
Sorella	Søster
Zia	Tante
Zio	Onkel

Fantascienza
Science Fiction

Atomico	Atomar
Cinema	Biograf
Distopia	Dystopi
Esplosione	Eksplosion
Estremo	Ekstrem
Fantastico	Fantastisk
Fuoco	Brand
Futuristico	Futuristisk
Galassia	Galakse
Illusione	Illusion
Immaginario	Imaginær
Libri	Bøger
Misterioso	Mystisk
Mondo	Verden
Oracolo	Oracle
Pianeta	Planet
Realistico	Realistisk
Robot	Robotter
Tecnologia	Teknologi
Utopia	Utopi

Fattoria #1
Bondegård #1

Acqua	Vand
Agricoltura	Landbrug
Ape	Bi
Asino	Æsel
Campo	Mark
Cane	Hund
Capra	Ged
Cavallo	Hest
Fertilizzante	Gødning
Fieno	Hø
Gatto	Kat
Gregge	Flok
Maiale	Svin
Miele	Honning
Mucca	Ko
Pollo	Kylling
Recinto	Hegn
Riso	Ris
Semi	Frø
Vitello	Kalv

Fattoria #2
Bondegård #2

Agnello	Lam
Agricoltore	Landmand
Alveare	Bikube
Anatra	And
Animali	Dyr
Cibo	Mad
Fienile	Lade
Frutta	Frugt
Frutteto	Frugthave
Grano	Hvede
Irrigazione	Kunstvanding
Lama	Lama
Latte	Mælk
Mais	Majs
Oche	Gæs
Orzo	Byg
Pastore	Hyrde
Pecora	Får
Prato	Eng
Trattore	Traktor

Filantropia
Filantropi

Bambini	Børn
Bisogno	Behov
Carità	Velgørenhed
Comunità	Fællesskab
Contatti	Kontakter
Donare	Donere
Finanza	Finansiere
Fondi	Midler
Generosità	Generøsitet
Gioventù	Ungdom
Globale	Global
Gruppi	Grupper
Missione	Mission
Obiettivi	Mål
Onestà	Ærlighed
Persone	Mennesker
Programmi	Programmer
Pubblico	Offentlig
Sfide	Udfordringer
Storia	Historie

Fiori
Blomster

Gardenia	Gardenia
Gelsomino	Jasmin
Giglio	Lilje
Girasole	Solsikke
Ibisco	Hibiscus
Lavanda	Lavendel
Lilla	Lilla
Magnolia	Magnolia
Margherita	Daisy
Mazzo	Buket
Narciso	Påskelilje
Orchidea	Orkide
Papavero	Valmue
Passiflora	Passionflower
Peonia	Pæon
Petalo	Kronblad
Plumeria	Plumeria
Rosa	Rose
Trifoglio	Kløver
Tulipano	Tulipan

Fisica
Fysik

Accelerazione	Acceleration
Atomo	Atom
Caos	Kaos
Chimico	Kemisk
Densità	Tæthed
Elettrone	Elektron
Espansione	Udvidelse
Formula	Formel
Frequenza	Frekvens
Gas	Gas
Gravità	Tyngdekraft
Magnetismo	Magnetisme
Meccanica	Mekanik
Molecola	Molekyle
Motore	Motor
Nucleare	A
Particella	Partikel
Universale	Universel
Variabile	Variabel
Velocità	Hastighed

Forme
Former

Angolo	Hjørne
Arco	Bue
Bordi	Kanter
Cerchio	Cirkel
Cilindro	Cylinder
Cono	Kegle
Cubo	Terning
Curva	Kurve
Ellisse	Ellipse
Iperbole	Hyperbola
Lato	Side
Linea	Linje
Ovale	Oval
Piramide	Pyramide
Poligono	Polygon
Prisma	Prisme
Quadrato	Firkant
Rettangolo	Rektangel
Sfera	Sfære
Triangolo	Trekant

Forniture Artistiche
Kunst Forsyninger

Acqua	Vand
Acquerelli	Akvareller
Acrilico	Akryl
Argilla	Ler
Carbone	Trækul
Carta	Papir
Cavalletto	Staffeli
Colla	Lim
Colori	Farver
Creatività	Kreativitet
Gomma	Viskelæder
Idee	Ideer
Inchiostro	Blæk
Matite	Blyanter
Olio	Olie
Pastelli	Pasteller
Sedia	Stol
Spazzole	Børster
Tavolo	Tabel
Telecamera	Kamera

Forza e Gravità
Kraft og Tyngdekraft

Asse	Akse
Attrito	Friktion
Centro	Center
Dinamico	Dynamisk
Distanza	Afstand
Espansione	Udvidelse
Fisica	Fysik
Magnetismo	Magnetisme
Meccanica	Mekanik
Movimento	Bevægelse
Orbita	Kredsløb
Peso	Vægt
Pianeti	Planeter
Pressione	Tryk
Proprietà	Ejendomme
Scoperta	Opdagelse
Slancio	Momentum
Tempo	Tid
Universale	Universel
Velocità	Hastighed

Frutta
Frugt

Albicocca	Abrikos
Ananas	Ananas
Arancia	Orange
Avocado	Avocado
Bacca	Bær
Banana	Banan
Ciliegia	Kirsebær
Kiwi	Kiwi
Lampone	Hindbær
Limone	Citron
Mango	Mango
Mela	Æble
Melone	Melon
Mora	Brombær
Nettarina	Nektarin
Papaia	Papaya
Pera	Pære
Pesca	Fersken
Prugna	Blomme
Uva	Drue

Geografia
Geografi

Altitudine	Højde
Atlante	Atlas
Città	By
Continente	Kontinent
Emisfero	Halvkugle
Fiume	Flod
Isola	Ø
Latitudine	Breddegrad
Longitudine	Længde
Mappa	Kort
Mare	Hav
Meridiano	Meridian
Mondo	Verden
Montagna	Bjerg
Nord	Nord
Ovest	Vest
Paese	Land
Regione	Region
Sud	Syd
Territorio	Territorium

Geologia
Geologi

Acido	Syre
Altopiano	Plateau
Calcio	Calcium
Caverna	Hule
Continente	Kontinent
Corallo	Koral
Cristalli	Krystaller
Erosione	Erosion
Fossile	Fossil
Geyser	Gejser
Lava	Lava
Minerali	Mineraler
Pietra	Sten
Quarzo	Kvarts
Sale	Salt
Stalagmiti	Stalagmitter
Stalattite	Stalaktit
Strato	Lag
Terremoto	Jordskælv
Vulcano	Vulkan

Geometria
Geometri

Altezza	Højde
Angolo	Vinkel
Calcolo	Beregning
Cerchio	Cirkel
Curva	Kurve
Diametro	Diameter
Dimensione	Dimension
Equazione	Ligning
Logica	Logik
Mediano	Median
Numero	Nummer
Orizzontale	Vandret
Parallelo	Parallel
Proporzione	Andel
Segmento	Segment
Simmetria	Symmetri
Superficie	Overflade
Teoria	Teori
Triangolo	Trekant
Verticale	Lodret

Giardinaggio
Havearbejde

Acqua	Vand
Botanico	Botanisk
Clima	Klima
Commestibile	Spiselig
Compost	Kompost
Contenitore	Beholder
Esotico	Eksotisk
Fiorire	Blomst
Floreale	Blomster
Foglia	Blad
Fogliame	Løv
Frutteto	Frugthave
Mazzo	Buket
Semi	Frø
Specie	Art
Sporco	Smuds
Stagionale	Sæsonbestemt
Suolo	Jord
Tubo	Slange
Umidità	Fugt

Giardino
Have

Albero	Træ
Amaca	Hængekøje
Cespuglio	Busk
Erba	Græs
Erbacce	Ukrudt
Fiore	Blomst
Frutteto	Frugthave
Garage	Garage
Giardino	Have
Pala	Skovl
Panca	Bænk
Prato	Græsplæne
Rastrello	Rive
Recinto	Hegn
Stagno	Dam
Suolo	Jord
Terrazza	Terrasse
Trampolino	Trampolin
Tubo	Slange
Vite	Vinstok

Giorni e Mesi
Dage og Måneder

Agosto	August
Anno	År
Aprile	April
Calendario	Kalender
Dicembre	December
Domenica	Søndag
Febbraio	Februar
Gennaio	Januar
Giugno	Juni
Luglio	Juli
Lunedì	Mandag
Martedì	Tirsdag
Mercoledì	Onsdag
Mese	Måned
Novembre	November
Ottobre	Oktober
Sabato	Lørdag
Settembre	September
Settimana	Uge
Venerdì	Fredag

Governo
Regeringen

Capo	Leder
Cittadinanza	Borgerskab
Civile	Civil
Costituzione	Forfatning
Democrazia	Demokrati
Discorso	Tale
Discussione	Diskussion
Giudiziario	Retlig
Giustizia	Retfærdighed
Indipendenza	Uafhængighed
Legge	Lov
Libertà	Frihed
Monumento	Monument
Nazionale	National
Nazione	Nation
Politica	Politik
Quartiere	Distrikt
Simbolo	Symbol
Stato	Stat
Uguaglianza	Lighed

Guida
Kørsel

Auto	Bil
Autobus	Bus
Carburante	Brændstof
Freni	Bremser
Garage	Garage
Gas	Gas
Incidente	Ulykke
Licenza	Licens
Mappa	Kort
Moto	Motorcykel
Motore	Motor
Pedonale	Fodgænger
Pericolo	Fare
Polizia	Politi
Sicurezza	Sikkerhed
Strada	Vej
Traffico	Trafik
Trasporto	Transport
Tunnel	Tunnel
Velocità	Hastighed

I Media
Medierne

Atteggiamenti	Holdninger
Commerciale	Kommerciel
Comunicazione	Kommunikation
Digitale	Digital
Edizione	Udgave
Educazione	Uddannelse
Fatti	Fakta
Finanziamento	Finansiering
Foto	Billeder
Giornali	Aviser
Individuale	Individuel
Industria	Industri
Intellettuale	Intellektuel
Locale	Lokal
Online	Online
Opinione	Mening
Pubblico	Offentlig
Radio	Radio
Rete	Netværk
Televisione	Television

Imbarcazioni
Både

Albero	Mast
Ancora	Anker
Barca a Vela	Sejlbåd
Boa	Bøje
Canoa	Kano
Corda	Reb
Equipaggio	Mandskab
Fiume	Flod
Kayak	Kajak
Lago	Sø
Mare	Hav
Marea	Tidevand
Marinaio	Sømand
Motore	Motor
Nautico	Nautisk
Oceano	Ocean
Onde	Bølger
Traghetto	Færge
Yacht	Yacht
Zattera	Tømmerflåde

Ingegneria
Ingeniørarbejde

Angolo	Vinkel
Asse	Akse
Calcolo	Beregning
Costruzione	Konstruktion
Diagramma	Diagram
Diametro	Diameter
Diesel	Diesel
Distribuzione	Distribution
Energia	Energi
Forza	Styrke
Ingranaggi	Gear
Liquido	Væske
Macchina	Maskine
Misurazione	Måling
Motore	Motor
Profondità	Dybde
Propulsione	Fremdrift
Rotazione	Rotation
Stabilità	Stabilitet
Struttura	Struktur

Jazz
Jazz

Album	Album
Applauso	Bifald
Artista	Kunstner
Canzone	Sang
Compositore	Komponist
Composizione	Sammensætning
Concerto	Koncert
Enfasi	Vægt
Famoso	Berømt
Genere	Genre
Improvvisazione	Improvisation
Musica	Musik
Nuovo	Ny
Orchestra	Orkester
Preferiti	Favoriter
Ritmo	Rytme
Stile	Stil
Talento	Talent
Tecnica	Teknik
Vecchio	Gammel

L'Azienda
Virksomheden

Creativo	Kreativ
Decisione	Beslutning
Globale	Global
Industria	Industri
Innovativo	Innovativ
Investimento	Investering
Occupazione	Beskæftigelse
Possibilità	Mulighed
Presentazione	Præsentation
Prodotto	Produkt
Professionale	Professionel
Progresso	Fremskridt
Qualità	Kvalitet
Reddito	Indtægt
Reputazione	Ry
Rischi	Risici
Risorse	Ressourcer
Salari	Lønninger
Tendenze	Tendenser
Unità	Enheder

Letteratura
Litteratur

Analisi	Analyse
Analogia	Analogi
Aneddoto	Anekdote
Autore	Forfatter
Biografia	Biografi
Conclusione	Konklusion
Confronto	Sammenligning
Descrizione	Beskrivelse
Dialogo	Dialog
Genere	Genre
Metafora	Metafor
Opinione	Mening
Poesia	Digt
Poetico	Poetisk
Rima	Rim
Ritmo	Rytme
Romanzo	Roman
Stile	Stil
Tema	Tema
Tragedia	Tragedie

Libri
Bøger

Autore	Forfatter
Avventura	Eventyr
Collezione	Samling
Contesto	Kontekst
Dualità	Dualitet
Epico	Episk
Inventivo	Opfindsom
Letterario	Litterær
Lettore	Læser
Narratore	Fortæller
Pagina	Side
Poesia	Poesi
Rilevante	Relevant
Romanzo	Roman
Scritto	Skrivet
Serie	Serie
Storia	Historie
Storico	Historisk
Tragico	Tragisk
Umoristico	Humoristisk

Malattia
Sygdom

Acuto	Akut
Addominale	Abdominal
Allergie	Allergier
Benessere	Wellness
Contagioso	Smitsom
Corpo	Legeme
Cronico	Kronisk
Cuore	Hjerte
Debole	Svag
Ereditario	Arvelig
Genetico	Genetisk
Immunità	Immunitet
Infiammazione	Betændelse
Lombare	Lumbal
Neuropatia	Neuropati
Polmonare	Pulmonal
Respiratorio	Luftveje
Salute	Sundhed
Sindrome	Syndrom
Terapia	Terapi

Mammiferi
Pattedyr

Balena	Hval
Cane	Hund
Canguro	Kænguru
Cavallo	Hest
Cervo	Hjort
Coniglio	Kanin
Coyote	Prærieulv
Delfino	Delfin
Elefante	Elefant
Gatto	Kat
Giraffa	Giraf
Gorilla	Gorilla
Leone	Løve
Lupo	Ulv
Orso	Bære
Pecora	Får
Scimmia	Abe
Toro	Tyr
Volpe	Ræv
Zebra	Zebra

Matematica
Matematik

Angoli	Vinkler
Aritmetica	Aritmetik
Circonferenza	Omkreds
Decimale	Decimal
Diametro	Diameter
Divisione	Division
Equazione	Ligning
Esponente	Eksponent
Frazione	Brøk
Geometria	Geometri
Parallelo	Parallel
Parallelogramma	Parallelogram
Poligono	Polygon
Quadrato	Firkant
Raggio	Radius
Rettangolo	Rektangel
Sfera	Sfære
Simmetria	Symmetri
Somma	Sum
Triangolo	Trekant

Meditazione
Meditation

Abitudini	Vaner
Accettazione	Accept
Attenzione	Opmærksomhed
Calma	Rolig
Chiarezza	Klarhed
Compassione	Medfølelse
Emozioni	Følelser
Felicità	Lykke
Gentilezza	Venlighed
Mentale	Mental
Mente	Sind
Movimento	Bevægelse
Musica	Musik
Natura	Natur
Osservazione	Observation
Pace	Fred
Pensieri	Tanker
Prospettiva	Perspektiv
Respirazione	Vejrtrækning
Silenzio	Stilhed

Meteo
Vejret

Arcobaleno	Regnbue
Asciutto	Tør
Atmosfera	Atmosfære
Brezza	Brise
Cielo	Himmel
Clima	Klima
Fulmine	Lyn
Ghiaccio	Is
Monsone	Monsun
Nebbia	Tåge
Nube	Sky
Polare	Polar
Siccità	Tørke
Temperatura	Temperatur
Tempesta	Storm
Tornado	Tornado
Tropicale	Tropisk
Tuono	Torden
Uragano	Orkan
Vento	Vind

Misurazioni
Målinger

Altezza	Højde
Byte	Byte
Centimetro	Centimeter
Chilogrammo	Kilogram
Chilometro	Kilometer
Decimale	Decimal
Grado	Grad
Grammo	Gram
Larghezza	Bredde
Litro	Liter
Lunghezza	Længde
Massa	Masse
Metro	Meter
Minuto	Minut
Oncia	Ounce
Peso	Vægt
Pinta	Pint
Pollice	Tomme
Profondità	Dybde
Tonnellata	Ton

Mitologia
Mytologi

Archetipo	Arketype
Comportamento	Adfærd
Creatura	Væsen
Creazione	Skabelse
Cultura	Kultur
Disastro	Katastrofe
Divinità	Guder
Eroe	Helt
Forza	Styrke
Fulmine	Lyn
Gelosia	Jalousi
Guerriero	Kriger
Immortalità	Udødelighed
Labirinto	Labyrint
Leggenda	Sagn
Magico	Magisk
Mortale	Dødelig
Mostro	Uhyre
Tuono	Torden
Vendetta	Hævn

Moda
Mode

Abbigliamento	Tøj
Boutique	Boutique
Caro	Dyrt
Confortevole	Komfortabel
Elegante	Elegant
Minimalista	Minimalistisk
Modello	Mønster
Moderno	Moderne
Modesto	Beskeden
Originale	Original
Pizzo	Blond
Pratico	Praktisk
Pulsanti	Knapper
Ricamo	Broderi
Semplice	Simpel
Sofisticato	Sofistikeret
Stile	Stil
Tendenza	Trend
Tessuto	Stof
Trama	Tekstur

Musica
Musik

Album	Album
Armonia	Harmoni
Armonico	Harmonisk
Ballata	Ballade
Cantante	Sanger
Cantare	Synge
Classico	Klassisk
Coro	Kor
Lirico	Lyrisk
Melodia	Melodi
Microfono	Mikrofon
Musicale	Musikalsk
Musicista	Musiker
Opera	Opera
Poetico	Poetisk
Registrazione	Indspilning
Ritmico	Rytmisk
Ritmo	Rytme
Strumento	Instrument
Vocale	Vokal

Numeri
Tal

Cinque	Fem
Decimale	Decimal
Diciannove	Nitten
Diciassette	Sytten
Diciotto	Atten
Dieci	Ti
Dodici	Tolv
Due	To
Nove	Ni
Otto	Otte
Quattordici	Fjorten
Quattro	Fire
Quindici	Femten
Sedici	Seksten
Sei	Seks
Sette	Syv
Tre	Tre
Tredici	Tretten
Venti	Tyve
Zero	Nul

Nutrizione
Ernæring

Amaro	Bitter
Appetito	Appetit
Bilanciato	Afbalanceret
Calorie	Kalorier
Carboidrati	Kulhydrater
Commestibile	Spiselig
Dieta	Kost
Digestione	Fordøjelse
Fermentazione	Gæring
Liquidi	Væsker
Nutriente	Næringsstof
Peso	Vægt
Proteine	Proteiner
Qualità	Kvalitet
Salsa	Sauce
Salute	Sundhed
Sano	Sund
Spezie	Krydderier
Tossina	Toksin
Vitamina	Vitamin

Oceano
Ocean

Anguilla	Ål
Balena	Hval
Barca	Båd
Corallo	Koral
Delfino	Delfin
Gamberetto	Reje
Granchio	Krabbe
Maree	Tidevand
Medusa	Vandmand
Onde	Bølger
Ostrica	Østers
Pesce	Fisk
Polpo	Blæksprutte
Sale	Salt
Scogliera	Rev
Spugna	Svamp
Squalo	Haj
Tartaruga	Skildpadde
Tempesta	Storm
Tonno	Tun

Paesaggi
Landskaber

Cascata	Vandfald
Collina	Bakke
Deserto	Ørken
Fiume	Flod
Geyser	Gejser
Ghiacciaio	Gletsjer
Grotta	Hule
Iceberg	Isbjerg
Isola	Ø
Lago	Sø
Mare	Hav
Montagna	Bjerg
Oasi	Oase
Oceano	Ocean
Palude	Sump
Penisola	Halvø
Spiaggia	Strand
Tundra	Tundra
Valle	Dal
Vulcano	Vulkan

Paesi #1
Lande #1

Brasile	Brasilien
Cambogia	Cambodja
Canada	Canada
Egitto	Egypten
Finlandia	Finland
Germania	Tyskland
India	Indien
Iraq	Irak
Israele	Israel
Libia	Libyen
Mali	Mali
Marocco	Marokko
Norvegia	Norge
Panama	Panama
Polonia	Polen
Romania	Rumænien
Senegal	Senegal
Spagna	Spanien
Venezuela	Venezuela
Vietnam	Vietnam

Paesi #2
Lande #2

Albania	Albanien
Danimarca	Danmark
Etiopia	Etiopien
Giamaica	Jamaica
Giappone	Japan
Grecia	Grækenland
Haiti	Haiti
Indonesia	Indonesien
Irlanda	Irland
Laos	Laos
Liberia	Liberia
Messico	Mexico
Nepal	Nepal
Nigeria	Nigeria
Pakistan	Pakistan
Russia	Rusland
Siria	Syrien
Sudan	Sudan
Ucraina	Ukraine
Uganda	Uganda

Piante
Planter

Albero	Træ
Bacca	Bær
Bambù	Bambus
Botanica	Botanik
Cactus	Kaktus
Cespuglio	Busk
Crescere	Vokse
Edera	Vedbend
Erba	Græs
Fagiolo	Bønne
Fertilizzante	Gødning
Fiore	Blomst
Flora	Flora
Fogliame	Løv
Foresta	Skov
Giardino	Have
Muschio	Mos
Petalo	Kronblad
Radice	Rod
Vegetazione	Vegetation

Professioni #1
Erhverv #1

Allenatore	Træner
Ambasciatore	Ambassadør
Artista	Kunstner
Astronomo	Astronom
Avvocato	Advokat
Ballerino	Danser
Banchiere	Bankmand
Cacciatore	Jæger
Cartografo	Kartograf
Editore	Redaktør
Farmacista	Farmaceut
Geologo	Geolog
Gioielliere	Guldsmed
Idraulico	Blikkenslager
Infermiera	Sygeplejerske
Marinaio	Sømand
Musicista	Musiker
Pianista	Pianist
Psicologo	Psykolog
Veterinario	Dyrlæge

Professioni #2
Erhverv #2

Astronauta	Astronaut
Bibliotecario	Bibliotekar
Biologo	Biolog
Chirurgo	Kirurg
Dentista	Tandlæge
Filosofo	Filosof
Fotografo	Fotograf
Giardiniere	Gartner
Giornalista	Journalist
Illustratore	Illustrator
Ingegnere	Ingeniør
Insegnante	Lærer
Inventore	Opfinder
Investigatore	Investigator
Linguista	Lingvist
Medico	Læge
Pilota	Pilot
Pittore	Maler
Ricercatore	Forsker
Zoologo	Zoolog

Psicologia
Psykologi

Appuntamento	Aftale
Clinico	Klinisk
Cognizione	Kognition
Comportamento	Adfærd
Conflitto	Konflikt
Ego	Ego
Emozioni	Følelser
Esperienze	Erfaringer
Idee	Ideer
Inconscio	Bevidstløs
Infanzia	Barndom
Pensieri	Tanker
Percezione	Opfattelse
Personalità	Personlighed
Problema	Problem
Realtà	Virkelighed
Sensazione	Sensation
Subconscio	Underbevidst
Terapia	Terapi
Valutazione	Vurdering

Riscaldamento Globale
Global Opvarmning

Ambientale	Miljømæssig
Artico	Arktisk
Attenzione	Opmærksomhed
Clima	Klima
Conseguenze	Konsekvenser
Crisi	Krise
Dati	Data
Energia	Energi
Futuro	Fremtid
Gas	Gas
Generazioni	Generationer
Governo	Regering
Habitat	Levesteder
Industria	Industri
Internazionale	International
Legislazione	Lovgivning
Ora	Nu
Popolazioni	Befolkninger
Sviluppo	Udvikling
Temperature	Temperaturer

Salute e Benessere #1
Sundhed og Velvære #1

Abitudine	Vane
Altezza	Højde
Attivo	Aktiv
Batteri	Bakterie
Clinica	Klinik
Fame	Sult
Farmacia	Apotek
Frattura	Fraktur
Medicina	Medicin
Medico	Læge
Muscoli	Muskler
Nervi	Nerver
Ormoni	Hormoner
Ossa	Knogler
Pelle	Hud
Riflesso	Refleks
Rilassamento	Afslapning
Terapia	Terapi
Trattamento	Behandling
Virus	Virus

Salute e Benessere #2
Sundhed og Velvære #2

Allergia	Allergi
Anatomia	Anatomi
Appetito	Appetit
Caloria	Kalorie
Corpo	Legeme
Dieta	Kost
Digestione	Fordøjelse
Disidratazione	Dehydrering
Energia	Energi
Genetica	Genetik
Igiene	Hygiejne
Infezione	Infektion
Malattia	Sygdom
Massaggio	Massage
Nutrizione	Ernæring
Ospedale	Hospital
Peso	Vægt
Sangue	Blod
Sano	Sund
Vitamina	Vitamin

Scienza
Videnskab

Atomo	Atom
Chimico	Kemisk
Clima	Klima
Dati	Data
Esperimento	Eksperiment
Evoluzione	Udvikling
Fatto	Faktum
Fisica	Fysik
Fossile	Fossil
Gravità	Tyngdekraft
Ipotesi	Hypotese
Laboratorio	Laboratorium
Metodo	Metode
Minerali	Mineraler
Molecole	Molekyler
Natura	Natur
Organismo	Organisme
Osservazione	Observation
Particelle	Partikler
Piante	Planter

Spezie
Krydderier

Aglio	Hvidløg
Amaro	Bitter
Anice	Anis
Cannella	Kanel
Cardamomo	Kardemomme
Cipolla	Løg
Coriandolo	Koriander
Cumino	Spidskommen
Curcuma	Gurkemeje
Curry	Karry
Dolce	Sød
Finocchio	Fennikel
Liquirizia	Lakrids
Noce Moscata	Muskatnød
Paprika	Paprika
Pepe	Peber
Sale	Salt
Vaniglia	Vanilje
Zafferano	Saffron
Zenzero	Ingefær

Strumenti Musicali
Musikinstrumenter

Armonica	Harmonika
Arpa	Harpe
Banjo	Banjo
Chitarra	Guitar
Clarinetto	Klarinet
Fagotto	Fagot
Flauto	Fløjte
Gong	Gong
Mandolino	Mandolin
Marimba	Marimba
Oboe	Obo
Percussione	Perkussion
Pianoforte	Klaver
Sassofono	Saxofon
Tamburello	Tamburin
Tamburo	Tromme
Tromba	Trompet
Trombone	Basun
Violino	Violin
Violoncello	Cello

Tempo
Tid

Anno	År
Annuale	Årlig
Calendario	Kalender
Decennio	Årti
Dopo	Efter
Futuro	Fremtid
Giorno	Dag
Ieri	I Går
Mattina	Morgen
Mese	Måned
Mezzogiorno	Middag
Minuto	Minut
Notte	Nat
Oggi	I Dag
Ora	Time
Orologio	Ur
Presto	Snart
Prima	Før
Secolo	Århundrede
Settimana	Uge

Tipi di Capelli
Hår Typer

Argento	Sølv
Asciutto	Tør
Bianco	Hvid
Biondo	Blond
Breve	Kort
Calvo	Skaldet
Colorato	Farvet
Grigio	Grå
Intrecciato	Flettet
Liscio	Glat
Lungo	Lang
Marrone	Brun
Morbido	Blød
Nero	Sort
Riccio	Krøllet
Riccioli	Krøller
Sano	Sund
Sottile	Tynd
Spessore	Tyk
Trecce	Fletninger

Uccelli
Fugle

Airone	Hejre
Anatra	And
Aquila	Ørn
Cicogna	Stork
Cigno	Svane
Cuculo	Gøg
Falco	Høg
Fenicottero	Flamingo
Gabbiano	Måge
Oca	Gås
Pappagallo	Papegøje
Passero	Spurv
Pavone	Påfugl
Pellicano	Pelikan
Piccione	Due
Pinguino	Pingvin
Pollo	Kylling
Struzzo	Struds
Tucano	Toucan
Uovo	Æg

Universo
Univers

Asteroide	Asteroide
Astronomia	Astronomi
Astronomo	Astronom
Atmosfera	Atmosfære
Buio	Mørke
Celeste	Himmelsk
Cielo	Himmel
Cosmico	Kosmisk
Emisfero	Halvkugle
Galassia	Galakse
Latitudine	Breddegrad
Longitudine	Længde
Luna	Måne
Orbita	Kredsløb
Orizzonte	Horisont
Solare	Sol
Solstizio	Solhverv
Telescopio	Teleskop
Visibile	Synlig
Zodiaco	Zodiac

Vacanze #2
Ferie #2

Aeroporto	Lufthavn
Campeggio	Camping
Destinazione	Destination
Foto	Billeder
Hotel	Hotel
Isola	Ø
Mappa	Kort
Mare	Hav
Passaporto	Pas
Ristorante	Restaurant
Spiaggia	Strand
Straniero	Udlænding
Taxi	Taxa
Tempo Libero	Fritid
Tenda	Telt
Trasporto	Transport
Treno	Tog
Vacanza	Ferie
Viaggio	Rejse
Visto	Visum

Veicoli
Køretøjer

Aereo	Fly
Ambulanza	Ambulance
Auto	Bil
Autobus	Bus
Barca	Båd
Bicicletta	Cykel
Camion	Lastbil
Caravan	Campingvogn
Elicottero	Helikopter
Motore	Motor
Navetta	Shuttle
Pneumatici	Dæk
Razzo	Raket
Scooter	Scooter
Sottomarino	Ubåd
Taxi	Taxa
Traghetto	Færge
Trattore	Traktor
Treno	Tog
Zattera	Tømmerflåde

Verdure
Grøntsager

Aglio	Hvidløg
Broccolo	Broccoli
Carciofo	Artiskok
Carota	Gulerod
Cetriolo	Agurk
Cipolla	Løg
Fungo	Svamp
Insalata	Salat
Melanzana	Aubergine
Patata	Kartoffel
Pisello	Ært
Pomodoro	Tomat
Prezzemolo	Persille
Rapa	Majroe
Ravanello	Radise
Scalogno	Skalotteløg
Sedano	Selleri
Spinaci	Spinat
Zenzero	Ingefær
Zucca	Græskar

Vestiti
Tøj

Abito	Kjole
Braccialetto	Armbånd
Camicetta	Bluse
Camicia	Skjorte
Cappello	Hat
Cappotto	Frakke
Cintura	Bælte
Collana	Halskæde
Giacca	Jakke
Gonna	Nederdel
Grembiule	Forklæde
Guanti	Handsker
Jeans	Jeans
Maglione	Sweater
Moda	Mode
Pantaloni	Bukser
Pigiama	Pyjamas
Sandali	Sandaler
Scarpa	Sko
Sciarpa	Tørklæde

Congratulazioni

Ce l'hai fatta!

Speriamo che questo libro vi sia piaciuto tanto quanto a noi è piaciuto concepirlo. Ci sforziamo di creare libri della più alta qualità possibile.
Questa edizione è progettata per fornire un apprendimento intelligente, di qualità e divertente!

Le è piaciuto questo libro?

Una Semplice Richiesta

Questi libri esistono grazie alle recensioni che pubblicate.

Puoi aiutarci lasciando una recensione
ora a questo link ?

BestBooksActivity.com/Recensioni50

SFIDA FINALE!

Sfida n°1

Sei pronto per il tuo gioco gratuito? Li usiamo sempre, ma non sono così facili da trovare - ecco i **Sinonimi!**
Scrivi 5 parole che hai trovato nei puzzle (n° 21, n° 36, n° 76) e prova a trovare 2 sinonimi per ogni parola.

Scrivi 5 parole del **Puzzle 21**

Parole	Sinonimo 1	Sinonimo 2

Scrivi 5 parole del **Puzzle 36**

Parole	Sinonimo 1	Sinonimo 2

Scrivi 5 parole del **Puzzle 76**

Parole	Sinonimo 1	Sinonimo 2

Sfida n°2

Ora che ti sei riscaldato, scrivi 5 parole che hai trovato nei puzzle n° 9, n° 17 e n° 25 e cerca di trovare 2 contrari per ogni parola. Quanti ne puoi trovare in 20 minuti?

Scrivi 5 parole del **Puzzle 9**

Parole	Antonimo 1	Antonimo 2

Scrivi 5 parole del **Puzzle 17**

Parole	Antonimo 1	Antonimo 2

Scrivi 5 parole del **Puzzle 25**

Parole	Antonimo 1	Antonimo 2

Sfida n°3

Grande! Questa sfida non è niente per te!

Pronto per la sfida finale? Scegli 10 parole che hai scoperto nei diversi puzzle e scrivile qui sotto.

1.	6.
2.	7.
3.	8.
4.	9.
5.	10.

Ora scrivi un testo pensando a una persona, un animale o un luogo che ti piace.

Puoi usare l'ultima pagina di questo libro come bozza.

La tua composizione:

TACCUINO:

A PRESTO!

Tutta la Squadra

BESTACTIVITYBOOKS.COM/FREEGAMES